REISE-PLANUNG

Die Reiseregion im Überblick

Reykjavík, die lebendige kleine Metropole Islands, Kultur- und Geschäftszentrum, steht für die meisten Besucher am Beginn ihrer Reise. Von der Hauptstadt aus lässt sich die Insel erobern, hier erhält man Informationen und findet Veranstalter für Touren und Tagesausflüge.

Ein klassischer Ausflug, der sogenannte **Goldene Kreis,** führt von Reykjavík in Richtung Osten zu einigen der berühmtesten landschaftlichen Attraktionen des Landes: nach Þingvellir, Wiege der isländischen Geschichte und Kultur, zum Geysir und seinem aktiven kleinen Nachbarn Strokkur und zum wunderschönen Wasserfall Gullfoss.

Nur wenig außerhalb des hauptstädtischen Ballungsraums zieht die faszinierende Vulkanlandschaft der südwestlich gelegenen Halbinsel **Reykjanes** Besucher in ihren Bann.

Fährt man auf der Ringstraße Nr. 1– dem Hauptverkehrsweg der Insel – Richtung Norden, gelangt man in den abwechslungsreichen **Westen** mit der Halbinsel Snæfellsnes und den tatzenförmig ins Meer ragenden Westfjorden, eine raue Region von ganz eigener herber Schönheit mit steilen Felsklippen, grünen Berghängen und verlassenen Höfen. Im Westen lebte im 11. Jh. der Politiker und Autor Snorri Sturluson. Das Gebiet ist Schauplatz einiger bedeutender Sagas – und hier wurde der große Seefahrer Leifur Eiríksson (970–1020) geboren.

Im Westteil des isländischen **Nordens** sind Landwirtschaft und vor allem Pferdezucht verbreitet, weiter östlich liegt die Hauptstadt des Nordens, **Aku-**

Þingvellir: Die Þingvalla-Kirche am Öxará-Fluss

reyri. Nicht weit entfernt lassen sich etliche historisch interessante Orte erkunden, z. T. mit spannenden Museen. Zu den Besuchermagneten dieser Region gehören der berühmte »Mückensee« Mývatn mit seiner einzigartigen Vulkanlandschaft und den dort lebenden großen Wasservogelkolonien sowie der Hafenort Húsavík, wo sich alles um Wale und die Beobachtung der Meeressäuger dreht.

Zum **Osten** gehören die nördliche Fjordlandschaft und der Ostteil des größten Gletschers in Europa, Vatnajökull, der mit seiner majestätischen Eiskappe die angrenzende Küsten- und Berglandschaft prägt.

Zwischen dem mächtigen Vatnajökull und Reykjavík erstreckt sich der **Süden,** eine Region, die zu Recht mit dem Schlagwort »Vielfalt« für sich wirbt. Großartige Erlebnisse für Naturliebhaber sind eine Bootsfahrt auf der Gletscherlagune Jökulsárlón und Wanderungen im Vatnajökull-Nationalpark, der nicht nur den gesamten Gletscher umfasst, sondern u. a auch die Landschaft der Lakagígar; im Norden gehören auch das Gebiet mit dem Bergmassiv Dyngjufjöll und Ásbyrgi dazu.

Im Anschluss durchquert man riesige schwarze Sanderflächen, durchzogen von den breiten Abflüssen der Gletscher, weiter westlich wird es immer grüner: Hier erstreckt sich ein wichtiges Landwirtschaftsgebiet Islands. Zugleich finden sich hier kulturhistorisch interessante Stätten wie der Bischofssitz Skálholt oder die Handlungsorte der bekannten Njáls saga.

SEITENBLICK

Aktiv- oder Kulturreise?

Für alle, die aktiv und etwas abenteuerlich reisen wollen, ist Island geradezu ideal. Wanderer, Mountainbiker oder Geländewagenfahrer finden reichlich Raum und Wege für ihre Unternehmungen. Wer gern wandert, kann sich Tagestouren oder mehrwöchige Treks vornehmen, je nach Erfahrung und Kondition. Reizvolle Tageswanderungen bieten sich an vielen Orten an, so dass sich das Naturerlebnis immer wieder kombinieren lässt mit Busfahrten oder Schiffsausflügen. Beliebte Gebiete finden sich im Hochland bei Hveravellir oder Landmannalaugar und im Nordwesten. An der Ringstraße liegen z. B. Skaftafell oder Skógar, wo es markierte Wanderwege gibt. Daneben kann man Raftingtouren auf den Gletscherflüssen unternehmen, auf Islandpferden reiten oder mit dem Schneemobil die Gletscher erkunden.

Doch genauso reizvoll ist eine kulturgeschichtliche Reise durch das Land. Auf den Spuren von Sagagestalten erschließt sich die Landschaft sehr gut. Zahlreiche Museen zeigen, wie hart das Leben der früheren Bauern und Fischer im Land war. Um Island noch besser zu verstehen, bieten sich auch Besuche in den Kraftwerken an. Zum einen erfährt man, wie die geothermische Energie und die Wasserkraft genutzt werden, zum anderen stehen einige dieser Werke in geologisch interessanten Gebieten wie z. B. am Vulkan Krafla.

Mit der Fähre gelangt man auf die Inselgruppe Vestmannaeyar mit ihrer einzigen bewohnten Insel Heimaey. Dort sieht man noch heute die eindrucksvollen Lavamassen des 1973 ausgebrochenen Vulkans Eldfell.

Das **Hochland** zeigt sich als menschenleere Wildnis aus weiten Geröll- und Lavafeldern mit Gletschern und markanten Bergen – eine Herausforderung für erfahrene Allradfahrer, Mountainbiker und Wanderer. Mehrere Pisten in Nord-Süd-Richtung durchziehen die Ödnis, wie der Kjalvegur, der an dem Gebirge Kerlingarfjöll vorbeiführt. Hier sprudeln heiße Quellen in unmittelbarer Nachbarschaft zu großen Schneefeldern, umgeben von steilen Liparitbergen. Weiter östlich liegt die gewaltige Caldera Askja.

Extra-Touren

Tour 1 Rund um Island in drei Wochen

Tour-Übersicht:

Reykjavík › Þorlákshöfn › Eyrarbakki › Stokkseyri › Selfoss › Heimaey › Kirkjubæjarklaustur › Skaftafell › Höfn › Egilsstaðir › Myvátn › Akureyri › Blönduós (› Borgarnes) › Reykjavík

Distanzen:

Reykjavík › Þorlákshöfn 120 km; **Þorlákshöfn › Eyrarbakki › Stokkseyri › Selfoss** ca. 45 km; **Selfoss › Landeyjar** 65 km › **Landeyjar › Heimaey** 40 Min. Fähre; **Landeyjahöfn › Kirkjubæjarklaustur** ca. 200 km; **Kirkjubæjarklaustur › Skaftafell** ca. 70 km; **Skaftafell › Höfn** ca. 130 km; **Höfn › Egilsstaðir** ca. 250 km; **Egilsstaðir › Myvátn** ca. 170 km; **Myvátn › Akureyri** ca. 100 km; **Akureyri › Blönduós** ca. 160 km (**Akureyri › Borgarnes** ca. 315 km); **Blönduos › Reykjavík** ca. 250 km (**Borgarnes › Reykjavík** ca. 75 km)

Verkehrsmittel:

Da eine 1900 km lange Ringstraße um die Insel herumführt, ist die Tour sehr individuell gestaltbar und sowohl mit dem Auto als auch per Bus machbar. Wer den eigenen Pkw mitbringt, beginnt die Fahrt im Osten, in Seyðisfjörður: Dort legt die Autofähre aus Dänemark an. Das größte Mietwagenangebot gibt es in Reykjavík bzw. am Flughafen Kevlavík. Es ist auch möglich, von Reykjavík in einen der größeren Orte zu fliegen – Höfn, Egilsstaðir oder Akureyri – und dort einen Wagen zu leihen. Im Sommer befahren Busse täglich die komplette Ringstraße › S. 16. Von etlichen Stationen aus gibt es weiterführende Regionalverbindungen zu kleineren Orten. Man kann an jedem Punkt ein- und aussteigen. Buspässe › S. 17.

Unterwegs in Richtung Vatnajökull – mit einem grandiosen Panorama

Für ****Reykjavík** › S. 45 mit seinen Sehenswürdigkeiten und den Ausflugsmöglichkeiten ins Umland wie ****Þingvellir** › S. 54, ***Geysir** › S. 57, ****Strokkur** › S. 57, ****Gullfoss** › S. 57 und Reykjanes mit der ****Blauen Lagune** › S. 62 sollten Sie vier Tage veranschlagen.

Anschließend brechen Sie gen Südosten auf nach **Þorlákshöfn** › S. 119 und fahren über **Eyrarbakki** › S. 119 und **Stokkseyri** › S. 119 nach **Selfoss** › S. 118. Am Folgetag geht es nach **Landeyjahöfn,** wo Sie die Fähre nach ****Heimaey** › S. 122 besteigen, der größten der ****Westmänner-Inseln** › S. 122, die Sie zwei Tage lang erkunden. Am achten Reisetag nehmen Sie die Fähre zurück und fahren über ****Skógar** › S. 116 mit dem Volkskundemuseum und **Vík** › S. 115 mit seinem schwarzen Strand nach **Kirkjubæjarklaustur** › S. 115. Von hier aus erkunden Sie am nächsten Tag per Jeep oder Bus die ****Lakagígar** › S. 114, die Lavafelder um den Laki. Am übernächsten Tag geht es nach ****Landmannalaugar** › S. 136, wo Sie wandern und in heißen Quellen baden können. Am elften Reisetag fahren Sie nach ****Skaftafell** › S. 114; hier sollten Sie zwei Tage einplanen, um genügend Zeit für Wanderungen zu haben. Vorbei am Gletscher *****Vatnajökull** › S. 114 und der Gletscherlagune ****Jökulsárlón** › S. 113 geht es am 13. Tag zum Übernachtungsstopp **Höfn** › S. 107.

Egilsstaðir › S. 103 an der Ostküste ist Aufenthaltsort für die nächsten zwei Tage, um die Hafenorte an den Fjorden im Osten zu besuchen.

Am 16. Tag fahren Sie auf der Ringstraße zum *****Mývatn** › S. 90 und verbringen dort die nächsten zwei Tage mit Wanderungen oder Ausflügen zum Wasserfall ****Dettifoss** › S. 94 und zur ****Ásbyrgi-Schlucht** › S. 94. Vorbei am ***Goðafoss** › S. 89 gelangen Sie am 18. Tag der Reise nach ***Akureyri** › S. 85; hier sollten Sie zwei Nächte bleiben.

Über die Straße Nr. 1 geht es am 20. Tag zum **Torfhofmuseum Glaumbær** › S. 99 und weiter zum Übernachtungsstopp **Blönduós** › S. 100. Wenn Sie das Museum nicht besuchen möchten, können Sie an diesem Tag noch nach **Borgarnes** › S. 69 weiterfahren und am nächsten Tag vor der kurzen Rückfahrt nach Reykjavík die Gegend um **Reykholt** › S. 70 und **Húsafell** › S. 70 mit den Wasserfällen von ****Hraunfossar** › S. 70 erkunden.

Wer ab Borganes auch die **Westfjorde** › S. 75 bereisen möchte, muss dafür einige Tage extra einplanen (› Tour 2 »Zwischen Hochland und Steilküste«). Von Blönduós oder Borgarnes aus gelangen Sie am 21. Reisetag wieder zurück nach Reykjavík.

Tour 2 Der Westen in zwei Wochen: zwischen Hochland und Steilküste

Tour-Übersicht:
Reykjavík › Borgarnes › Hellissandur › Brjanslækur › Látrabjarg › Isáfjörður › Hólmavík › Húsafell › Reykjavík

Distanzen:
Reykjavík › Borgarnes ca. 75 km; **Borgarnes › Hellissandur** ca. 130 km; **Hellissandur › Stykkishólmur › Brjanslækur** ca. 75 km plus 2,5 Std. Fährfahrt; **Brjanslækur › Látrabjarg** ca. 95 km; **Látrabjarg › Isáfjördur** ca. 230 km; **Isáfjörður › Hólmavík** ca. 220 km; **Hólmavík › Húsafell** ca. 210 km; **Húsafell › Reykjavík** ca. 140 km

Verkehrsmittel:
Idealerweise unternimmt man diese Tour mit dem Auto. Bleibt man auf den Hauptstrecken, kann man sie auch mit Bussen zurücklegen, doch dann muss man sehr gut planen: Einige Abschnitte, v. a. im Nordwesten, werden nicht täglich befahren. Zwischen Stykkishólmur und Brjánslækur verkehrt die Autofähre »Baldur« (http://de.seatours.is/FahreBaldur).

Drei Tage widmen Sie ****Reykjavík** › S. 45 und Umgebung. Am vierten Tag der Reise geht es über **Akranes** › S. 69 zum **Borgarfjörður** – alternativ können Sie über die Hochebene (Straße Nr. 520) fahren und direkt weiter nach Reykholt. **Borgarnes** › S. 69 ist ein hübscher Übernachtungsstopp. Am nächsten Tag fahren Sie auf die ****Snæfellsnes-Halbinsel** › S. 71, wo Strandspaziergänge und ein Gletscherausflug locken; für die Erkundung des Nationalparks am Fuß des Gletschers Snæfellsjökull empfiehlt sich **Hellissandur** › S. 72 als Standquartier für zwei Nächte.

Am siebten Tag steuern Sie **Stykkishólmur** › S. 74 an der Nordseite der Halbinsel an und nehmen dort die Nachmittagsfähre (Autofähre »Baldur«)

Ruderboote am Strand der Insel Flatey

in die Westfjorde. (Wer ohne Auto reist, kann einen zusätzlichen Tag auf der autofreien **Insel Flatey** › **S. 75** verbringen.) Im Fährhafen **Brjánslækur** › **S. 75** bleiben Sie über Nacht.

Einen ganzen Tag sollten Sie für die Fahrt zu den Vogelklippen bei ****Látrabjarg** › **S. 76** einplanen. Ein Gästehaus bietet hier komfortable Zimmer; am nächsten Tag schauen Sie sich auf der Fahrt nach Ísafjörður einen der schönsten Wasserfälle Islands an, den ****Dynjandi** › **S. 76.** In diesem Gebiet lohnen viele Abstecher in kleine Orte und Wanderungen auf Berge oder entlang der Fjorde.

Von **Ísafjörður** › **S. 77,** wo Sie zweimal übernachten, werden Bootsfahrten nach **Hornstrandir** › **S. 78** oder auf die Inseln **Vigur** oder **Æðey** angeboten. Eine gemütliche Fjordfahrt führt am 11. Tag nach **Hólmavík** › **S. 79,** wo Sie zwei Nächte bleiben; von hier lohnt der Abstecher nach **Djúpavík,** um die alte Heringsfabrik zu besichtigen.

Die Rückfahrt gen Süden erfolgt über die Straße Nr. 59 durch die Region **Dalír** mit Besuch von **Eiríksstaðir** › **S. 75** – ehemaliger Wohnsitz von Erik dem Roten – und weiter auf der Nr. 60 zurück auf die Ringstraße. Die nächsten Ziele sind **Reykholt** › **S. 70** und **Húsafell** › **S. 70;** in Húsafell können Sie übernachten und von hier den **Langjökull** erkunden. Wer einen Geländewagen und noch genügend Zeit hat, kann dann die Hochlandpiste **Kaldidalur** in Angriff nehmen. Für den Rückweg nach Reykjavík empfiehlt sich die Straße Nr. 47 um den schönen Hvalfjörður.

› Karte Umschlag

Tour 3 Eine Woche im Hochland

Tour-Übersicht:
Reykjavík › Geysir › Kerlingarfjöll › Hveravellir › Akureyri

Distanzen:
Reykjavík › Geysir ca. 100 km; **Geysir › Kerlingarfjöll** ca. 80 km; **Kerlingarfjöll › Hveravellir** ca. 40 km; **Hveravellir › Akureyri** ca. 210 km

Verkehrsmittel:
Man kann die Strecke mit einem PKW befahren, sofern es der eigene ist. Mietwagenverträge für PKWs schließen diese Tour jedoch aus, dafür müsste man dann einen Geländewagen mieten. Im Sommer gibt es auch Busverbindungen durchs Hochland › **S. 126**. Von Akureyri kann man nach Reykjavík zurückfliegen (Air Iceland).

Zunächst geht es von ****Reykjavík › S. 45** über ****Þingvellir › S. 54** zun ***Geysir** und ****Strokkur › S. 57** und zum Wasserfall ****Gullfoss › S. 57** mit Übernachtung am Geysir. Kurz hinter dem Gullfoss gelangen Sie am nächsten Tag auf die Hochlandstraße **Kjalvegur (Kjölur) › S. 131**. Mit dem Geländewagen ist ein Abstecher zum Gletschersee **Hvítárvatn › S. 131** möglich.

Vor dem Strokkur (inaktiv, im Hintergrund) liegt die tiefblaue Thermalquelle Blesi

Das Gebirge **Kerlingarfjöll › S. 131** mit Schneefeldern und brodelnden Schwefeltöpfen ist ein lohnendes Wandergebiet, deshalb sollten Sie hier zwei Tage einplanen. Das Kerlingarfjöll-Outdoorzentrum bietet einfache Übernachtungsmöglichkeiten. Auf der Fahrt zum nächsten Stopp ****Hveravellir › S. 132** (zwei Nächte) beeindrucken die Ausblicke in die Weite der Landschaft. In Hveravellir gibt es Wanderwege in die Lava oder auch zum Gletscher Langjökull. Faszinierend sind die heißen Quellen – inklusive Bademöglichkeit! Am sechsten Tag sollten Sie auf der Fahrt in den Norden einen Halt am Wasserkraftwerk **Blanda › S. 132** einplanen. Den Abschluss der Tour bildet ein kurzer Aufenthalt in ***Akureyri › S. 85**.

Klima & Reisezeit

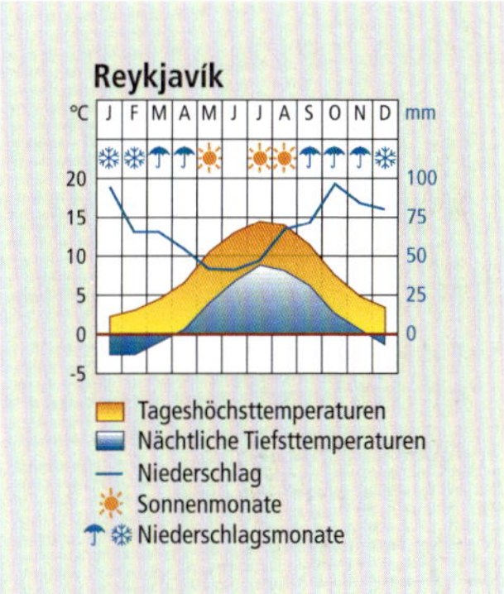

Regen, Wind und Kälte sind keineswegs die einzigen Zutaten des isländischen Wetters. Zwar sorgen die aktive Westwinddrift und das berüchtigte Islandtief häufig für wechselhaftes Wetter und ausgeglichene Temperaturen (Sommer 15–20 °C, Winter um oder knapp unter 0 °C). Doch wenn es im Südwesten regnet, kann es im Nordosten im Windschatten der Berge zur gleichen Zeit trocken sein – und umgekehrt. In Reykjavík regnet es mit 779 mm jährlich fast ein Viertel weniger als in München (946 mm). Die höchsten Niederschlagsmengen (über 4000 mm/Jahr) treten südlich der großen Gletscher auf.

Generell ist es in Südisland feuchter und wärmer als im Norden. Mehrtägige Hochdrucklagen mit trockenem, im Sommer über 20 °C warmem Wetter sind nicht selten. Mit Wind und unvermittelten Wetterwechseln muss aber immer gerechnet werden.

Hochsaison und Ferienzeit der Isländer ist von Mitte Juni bis Ende August. Das Wetter ist oft gut, es gibt fast rund um die Uhr Tageslicht. Flug- und Busverbindungen sind dicht, das Unterkunfts- und Freizeitangebot groß. Die Preise liegen um 30 % höher als sonst. Im September wird es schon kälter, doch erlebt man eine farbenprächtige Herbstvegetation. Im Winter ist das Reisen witterungsbedingt und wegen der kurzen Helligkeitsperioden eingeschränkt. Reykjavík und Umgebung kann man gut auch von Herbst bis Frühling besuchen, nur um Weihnachten sind die Preise wieder hoch und einige Einrichtungen geschlossen.

Anreise

Per Flugzeug

Das dichteste Linienflugnetz unterhält Icelandair: Ganzjährig gibt es Direktflüge ab Frankfurt, Amsterdam, Kopenhagen oder London, im Sommer bestehen zusätzliche Verbindungen (Tel. 0 69/29 99 78, www.icelandair.de). Auch die Lufthansa (www.lufthansa.com) bietet Direktflüge an. Air Berlin (www.airberlin.com) fliegt im Sommer ab Düsseldorf, München, Hamburg,

Berlin-Tegel, Stuttgart und Wien mehrmals pro Woche. Mit dem günstigen isländischen Low Cost Carrier WOW-Air kann man während der Sommermonate von Berlin, Düsseldorf, Stuttgart und Zürich nach Island fliegen. Telefonische Buchungscenter: 040/30 18 74 20, www.wowiceland.de. Die SAS (www.flysas.com) fliegt ab Kopenhagen direkt nach Island und ist über Anschlussflüge an deutsche Flughäfen angekoppelt.

Alle internationalen Flüge landen am Flughafen Leifur Eiríksson in Keflavík, etwa 48 km westlich von Reykjavík › **S. 52**.

Mit der Fähre

Die Autofähre »Norröna« nach Seyðisfjörður verkehrt ganzjährig mit Abfahrten ab Hirtshals (Dänemark) via Tórshavn (Färöer-Inseln), doch ist der Fahrplan im Winter unregelmäßig, da dann v. a. Frachtfahrten durchgeführt werden. Abfahrt im Sommer Di in Hirtshals und Do in Seyðisfjörður, Ende März–Mitte Juni sowie Ende Aug.–Okt. Sa ab Hirtshals und Mi ab Seyðisfjörður (Tel. 04 31/20 08 86, www.smyrilline.de).

Reisen im Land

Mit dem Flugzeug

Es ist ratsam, Inlandsflüge im Voraus zu reservieren, denn die Isländer reisen sehr gerne per Flugzeug. Ideal ist die Buchung über das Internet, da es je nach Auslastung Sonderangebote gibt.

Air Iceland fliegt von Reykjavík aus Akureyri, Egilsstaðir, Ísafjörður und Heimaey an, von Akureyri gibt es Verbindungen nach Grímsey, Þórshöfn, Vopnafjörður und Keflavík (Airport). Auch Tagestouren per Flugzeug sind mit der Air Iceland möglich, sowohl innerhalb Islands als auch nach Grönland. Linienflüge nach Grönland und auf die Färöer-Inseln gehen vom Inlandsflughafen in Reykjavík ab, der mit dem Stadtbus (Linie 15) zu erreichen ist (www.airiceland.is). Eagle Air fliegt mehrmals wöchentlich nach Bíldudalur, Gjögur, Sauðárkrókur und Höfn und bietet außerdem Charter- und Rundflüge an (www.ernir.is).

Mit dem Bus

Ein sehr gut ausgebautes Busnetz deckt vor allem im Sommer fast alle bewohnten Teile der Insel und das Hochland ab. Die Ringstraße wird im Sommer täglich befahren (Juni–Aug., Teilabschnitte auch bis Mitte Sept. oder sogar ganzjährig). Sehr zu empfehlen sind die Buspässe der großen Gesellschaften. Im Angebot von Sterna findet sich u. a. ein Rundreise-Pass (*Hringmiði),* der von Juni bis August mit vorgegebener Richtung gilt. Die Busgesellschaft Reykjavík Exkursions bietet sog. Highland-Pässe für Fahrten ins

Hochland an. Infos zu den Buspässen unter www.nat.is, www.sterna.is, www.bsi.is, www.re.is.

Mit der Fähre

Die Inseln vor der Küste wie Grímsey, Hrísey und die Westmänner-Inseln sind durch regelmäßige Fährdienste angebunden. Ab Ende September werden die Verbindungen eingeschränkt, im Winter teils eingestellt. Es gibt auch eine Fährverbindung zwischen Stykkishólmur und Brjánslækur (Westfjorde). Fahrpläne unter www.nat.is.

Viele Pisten können nur mit Geländewagen befahren werden

Mit dem Mietwagen

Für die Hochlandstrecken sind ein Geländewagen und Fahrerfahrung nötig › S. 129. Zudem sind nicht alle Straßen asphaltiert. In den Wintermonaten oder bei ungünstiger Witterung werden einige Straßen gesperrt, Informationen unter www.vegagerdin.is. Ansonsten ist Autofahren in Island unproblematisch, auch mit dem eigenen Fahrzeug.

Die Schalter der Mietwagenfirmen am Flughafen Keflavík sind im Sommer oft rund um die Uhr besetzt. Wegen der teuren Taxi- bzw. Transferbusfahrt nach Reykjavík ist es ratsam, trotz der Zusatzgebühren einen Mietwagen oder ein Wohnmobil ggf. ab und bis Keflavík zu reservieren. Bei Allradwagen sollte die Ausstattung (Ersatzrad, Werkzeug, Kühlerdichtmittel, Abschleppkette, Fußpumpe für Reifen) gründlich überprüft werden. Die meisten Mietwagenfirmen verlangen ein Mindestalter des Fahrers von 20 Jahren (Allradwagen: 23 Jahre) sowie eine Kaution auf Kreditkarte.

Die Straßen in Island sind meist leer, das Netz an Tankstellen ist ausreichend dicht. Nach 23 Uhr schließen Tankstellen in verkehrsarmen Regionen (z. B. in den Westfjorden); wegen der hellen Sommernächte realisiert man dies oft zu spät. In abgelegenen Regionen setzen sich mehr und mehr Zapfsäulen durch, die 24 Stunden mit Kreditkarte zu benutzen sind. Die großen Tankstellenbetreiber bieten zudem eine PrePaid-Tankkarte für die betreffenden Zapfsäulen an. Tanken Sie möglichst bei jedem Zwischenstopp und nehmen Sie mindestens einen Reservekanister mit. Vor allem Jeeps sind im Allradbetrieb Spritfresser.

Eine Islandrundfahrt dauert wegen der vielen Fjorde und Kurven länger, als man zunächst vielleicht meint. Faustregel: Abseits der Ringstraße nicht mehr als 200 km pro Tag einplanen. Im Hochland können Wetterstürze zu Zwangspausen führen.

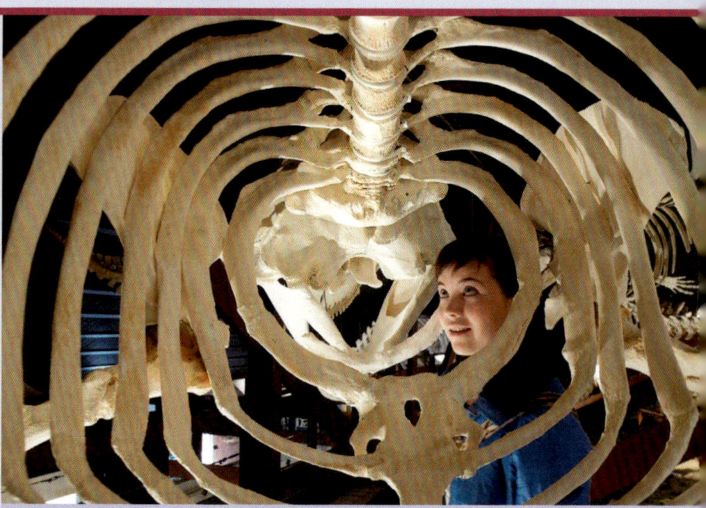

SPECIAL

Mit Kindern unterwegs

Island ist ein wunderbares Reiseland für Familien. Da die Isländer kinderfreundlich und im Sommer reiselustig sind, findet man auf Zeltplätzen und in Schwimmbädern sehr häufig Spielplätze. Kinder bis vier Jahre zahlen für Transport und für Eintritte nichts, bis zwölf Jahre maximal die Hälfte.

Reykjavík und Umgebung

Das **Freilichtmuseum Árbæjarsafn** mit seinem sommerlichen Familienprogramm, der **Haustier- und Familiengarten** mit isländischen Haustieren sowie Robben und Rentieren, Walbeobachtung › S. 21, Radtouren › S. 41 und das schöne Schwimmbad **Laugardalslaug** › S. 51 bieten viel Abwechslung.

In **Hafnarfjörður** › S. 59 fasziniert die Führung zum »versteckten Volk« der Elfen (Englischkenntnisse erforderlich!).

Das Wikingerschiff »Íslendingur« ist in **Keflavík** › S. 60 zu bestaunen, und man kann dabei viel über die Reisen der Wikinger in den Westen lernen.

- **Freilichtmuseum Árbæjarsafn**
  Kistuhyl
  www.arbaejarsafn.is
  Juni–Aug. tgl. 10–17 Uhr. Geführte Touren Sept.–Mai tägl.13 Uhr
- **Haustier- und Familiengarten**
  Engjavegur
  www.husdyragardur.is
  Mitte Mai–Aug. tgl. 10–18, sonst 10–17 Uhr
- **Hidden Worlds Tour (Elfenführung)**
  Hafnarfjörður
  www.alfar.is
  Di und Fr 14.30 Uhr, 1,5–2 Std., Treff am Informationszentrum.

 Bild oben: Walskelett im Walmuseum Húsavik

Lavahöhlen und Eriks Haus

Nahe Húsafell locken die **Lavahöhlen Surtshellir** › S. 71. In Snæfellsnes und den Westfjorden kann man Wale vom Land aus sehen! Das **Egill-Ólafsson-Museum** › S. 76 in Hnjótur zeigt Boote und Flugzeuge. Papageitauchern kommt man in **Látrabjarg** › S. 76 ganz nah. Alles über Erik den Roten verrät das **Freilichtmuseum Eiríksstaðir** › S. 75.

- **Egill-Ólafsson-Museum**
  Hnjótur | Örlygshöfn
  Tel. 456 1511 | www.hnjotur.is
  Mai–Aug. tgl. 10–18 Uhr, sonst nach Vereinbarung.
- **Freilichtmuseum Eiríksstaðir**
  im Tal Haukadalur (Piste Nr. 586)
  Tel. 434 1118 | www.eiriksstadir.is
  Juni–Aug. tgl. 9–18 Uhr.

Robben, Wale, Pferde

Nach dem Besuch des **Robbenzentrums** von Hvammstangi › S. 100 beobachtet man die Tiere an der Westküste der Halbinsel Vatnsnes. **Húsavík** › S. 89 ist *der* Walort Islands. Pferdefans finden in **Hólar** › S. 97 ihr Dorado.

Gletscherfahrt im Osten

Die bunte, originelle **Mineraliensammlung** in Stöðvarfjörður › S. 106 ist ein echter Hingucker. In Höfn › S. 107 dreht sich alles um den riesigen Gletscher Vatnajökull – unbedingt eine **Snowmobilfahrt** unternehmen!

- **Mineraliensammlung**
  Stöðvarfjörður
  www.steinasafnpetrusveins.com
  Tgl. 9–18 Uhr.

Der Süden – Auf den Spuren der Sagahelden

Zum Besuch des **Sagazentrums** in Hvolsvöllur › S. 117 passt anschließend eine Rundfahrt zu den Sagaorten, und auf einen aktiven Vulkan wie die **Hekla** › S. 118 zu wandern ist genauso aufregend wie eine Raftingtour auf dem Fluss Hvítá.

Im August sammeln Kinder auf der Westmänner-Insel **Heimaey** › S. 122 junge Papageitaucher ein, die sich in den Straßen verirrt haben, und lassen sie am Strand frei – ein einmaliges Erlebnis!

Im Hochland

In der kargen Landschaft im Landesinneren entdeckt man immer wieder Trolle – die zum Glück nur aus Lavastein bestehen.

BUCHTIPP: Brian Pilkington: »Isländische Trolle«, in Island erhältlich. Mit einer Landkarte, auf der die größten Trolle verzeichnet sind.

Familienfreundlich schlafen

Bauernhöfe mit ihren Tieren, mit der Möglichkeit zur Vogelbeobachtung oder als Ausgangspunkt für Angeltouren sind ideale Unterkünfte für Familien (Infos unter www.farmholidays.is).

Einige Höfe, aber auch viele Zeltplätze bieten zusätzlich Hütten an: Diese haben meist zwei Schlafzimmer und immer auch eine Kochgelegenheit.

In Hotels und Gästehäusern gibt es Familienzimmer, nach Anmeldung oft auch Kinderbetten.

Sport & Aktivitäten

Island bietet Outdoor-Aktivitäten für jeden: Extremsportler wie Eiskletterer und Alpinisten finden hervorragende Berge, Golfspieler haben die große Auswahl an Plätzen, und Radfahrer lieben die Insel.

Bergsteigen und Wandern

Weil es oft nur in den Nationalparks markierte Wege gibt, sollte man unbedingt einen Kompass bzw. ein GPS-Gerät und Detailkarten mitnehmen und niemals alleine losziehen. Die Temperatur der Flüsse, die es zu durchwaten gilt, steigt auch im Sommer nicht über 4 °C, wobei der niedrigste Wasserstand oft am frühen Vormittag erreicht wird.

Für Mehrtagestouren braucht man wind- und wetterfeste Ausrüstung, mit Wetterumschwüngen jeder Art muss man immer rechnen. Ideale Wandergebiete findet man in den Westfjorden, z. B. Hornstrandir, oder auch im Hochland.

In den Bergen stellt das oft poröse und lockere Gestein hohe Anforderungen. Erfahrung und eine gute Ausrüstung sind für Bergtouren ohne Guide unbedingte Voraussetzung. Sehr attraktive Ziele sind die Gebirge im Hochland.

Die beiden isländischen Wandervereine geben nicht nur Tipps, sondern führen auch selbst organisierte Wanderungen durch:

Ferðafélag Íslands
Tel. 568 2533 | www.fi.is

Útivist
Tel. 562 1000
www.utivist.is

Radfahren

Radreisende sollten ein stabiles 28-Zoll-Tourenrad – besser 26 Zoll – oder ein Mountainbike wählen und beachten, dass fast alle Straßentunnel für Radfahrer gesperrt sind. Beste Ausrüstung ist unerlässlich.

Wertvolle Tipps und Verleihadressen nennt **The Icelandic Mountainbike Club** (Brekkustígur 2, 101 Reykjavík, Tel. 562 0099, www.fjallahjolaklubburinn.is

Golf

Golfplätze stehen Gästen gegen eine geringe Tagesgebühr offen. Etliche Plätze liegen landschaftlich sehr schön, einige haben kleine Clubhäuser. Da Golf in Island ein Familiensport ist, geht es auf den Plätzen zwanglos zu. Infos: www.golf.is.

Rafting

Es ist ein besonderes Erlebnis, über die Stromschnellen der Gletscherflüsse zu fahren. Die Angebote richten sich an Familien, aber auch an echte Abenteurer. Auskünfte in den Touristeninformationen sowie bei www.rafting.is (Nordisland) oder www.arcticrafting.is (Süden).

Reiten

Weil selbst Anfänger im trabähnlichen Tölt oder dem schnelleren Pass, den beiden Spezial-Gangarten

Bei einer Radtour kann man Islands Natur hautnah erleben

der Islandpferde, ruhig im Sattel sitzen, ist ein Reiterlebnis auch für Ungeübte garantiert. Die meisten der deutsch oder englisch sprechenden Begleiter sind sehr erfahren.

Die Höfe **Elðhestar** bei Hveragerði › **S. 59** und **Íshestar** in Hafnarfjörður (Tel. 555 7000, www.ishestar.is) sind auf Reitferien spezialisiert; beliebt sind die mehrtägigen Ausritte. Im Norden bei Hvammstangi ist der Hof **Brekkulækur** (Tel. 451 2938, www.abbi-island.is) zu empfehlen. Viele Infos rund um die Islandpferde vermittelt www.icehorse-experience.is.

Zaumzeug aus Leder darf nicht eingeführt werden, für übriges Zubehör ist eine Desinfektion vorgeschrieben. Am besten leiht man die Reitsachen auf dem jeweiligen Hof aus.

Superjeep

Jeepsafaris führen z. B. ins Þórsmörk-Tal, ins farbenfrohe Landmannalaugar (dorthin im Sommer auch Busse) oder auf Gletscher. An Bord sind in der Regel Gruppen mit mindestens 2 und maximal 8 Reisenden.

Sehr gute Touren ab Reykjavík veranstalten die **Mountaineers of Iceland** (Tel. 580 9900, www.mountaineers.is)

Vogelbeobachtung

Für Vogelfreunde ist Island ein Paradies. Zahllose Seevögel, v. a. Papageitaucher, aber auch andere Vögel kann man beobachten. Einige Bauernhöfe bieten Touren an.

Vogelkunde-Wanderungen mit Deutsch sprechenden Führern veranstaltet **Erlingsson Naturreisen Island** (Info-Tel. 062 51/98 99 20, www.naturreisen.is)

Walbeobachtung

Zu den eindrucksvollsten Erlebnissen eines Islandurlaubs gehört eine Walbeobachtungsfahrt. Diese Bootstouren werden – sogar mit Sichtungsgarantie – in den meisten

Walbeobachtung ist in Island an vielen Stellen möglich

Küstenorten angeboten, z. B. in Reykjavík, Keflavík oder Húsavík. Die Bootsführer sind sehr erfahren und erklären die unterschiedlichen Arten. Während der Hochsaison gibt es meist mehrere Ausfahrten täglich, die Touren dauern zwischen 2,5 und 3,5 Stunden.

Elding
- Alter Hafen/Ægigarður | Reykjavík
- Tel. 555 35 65 | www.elding.is
- Ganzjährig, Mai–Sept. mehrmals tgl.

Hvalalif
- Suðurbugt | Reykjavík
- Tel. 562 2300 | www.hvalalif.is
- Ganzjährig, April–Sept. mehrmals tgl.

Niels Jónsson
- Hauganes | Dalvík
- Tel. 867 00 00 | www.niels.is
- 25. Mai–5. Sept. tgl.

North Sailing
- Hafnarstett 11 | Husavík
- Tel. 464 72 72
- www.northsailing.is
- Ganzjährig, April–Okt. mehrmals tgl.

Wintersport

Im Winter sind sowohl Lang- als auch Alpinskilauf möglich. Skigebiete gibt es z. B. im Bláfjöll südlich von Reykjavík, oberhalb von Akureyri am Hlíðarfjall oder in Siglufjörður. Für Langlauftouren sind der Nordwesten und das Mývatn-Gebiet beliebte Ziele der Isländer. Außerdem werden Snowmobiltouren angeboten; die Strecken sind markiert.

Unterkunft

Alle Unterkünfte, die an der Komfort-Klassifikation durch das isländische Fremdenverkehrsamt teilnehmen, erkennt man am blau-roten Symbol, das die Zahl der Sterne (5 für Luxus) angibt. Die meisten Unterkünfte bieten Reykjavík und die Orte entlang der Ringstraße, im Hochland gibt es nur Hütten und Zeltplätze.

Hotels & Bauernhöfe

Die **Hotels** entsprechen meistens dem Business-Standard. Von den internationalen Ketten sind lediglich Hilton, Radisson SAS sowie Best Western vertreten, ansonsten lokale Ketten wie etwa Icelandair Hotels (www.icelandairhotels.is)

oder die zwölf Häuser der Fosshotel-Gruppe (www.fosshotel.is).

In den ländlichen Regionen gibt es zwölf Edda-Hotels (www.hoteledda.is); die Sommerunterkünfte in Schulen oder Internaten zählen meist zur Mittelklasse. Oft sind es die privaten Hotels, die etwas Besonderes bieten, doch auch für diese gilt, dass die Preise relativ hoch liegen.

Günstiger ist meist die Unterkunft auf einem Bauernhof oder in einem Gasthaus, oft mit Familienanschluss. Die rund 180 Bauernhöfe von **Icelandic Farm Holidays (IFH)** bieten meist noch mehr, wie Reiten, Teilnahme am Pferde- oder Schafabtrieb oder Angeln mit den Hofbesitzern (www.farmholidays.is).

Jugendherbergen & Camping

Die preiswertesten Unterkünfte sind die 30 über das Land verteilten **Jugendherbergen.** Sie stehen allen offen und werden oft auch von Familien genutzt; im Sommer empfiehlt es sich, vorher zu buchen (www.hostel.is).

Wanderer und Outdoor-Freunde können in **Berghütten** übernachten. Da diese oft im Besitz der isländischen Wandervereine sind, sollte vorab gebucht werden. Ansonsten empfiehlt es sich, ein Zelt mitzunehmen. 150 **Zeltplätze** stehen in den Sommermonaten zur Verfügung, einfach bis sehr gut ausgestattet. Pro Nacht und Person zahlt man etwa 1500 ISK. Mit der Campingcard für 99 € können mehrere Personen (beispielsweise eine Familie) auf 46 Plätzen zelten (www.campingcard.is). Wild campen ist erlaubt, sofern man Wiesen und Weiden bzw. eingezäunte Gebiete meidet.

Die Website des Fremdenverkehrsamtes führt eine Datenbank (auf Englisch) mit Unterkünften unter www.visiticeland.com.

Ein gedrucktes Verzeichnis ist beim Isländischen Fremdenverkehrsamt › S. 139 erhältlich.

Süße Träume in originellen Herbergen

Erst-! klassig

- Das **Hotel Borg** in Reykjavík ist ein 1930 erbautes Nobelhotel mit viel Flair. › S. 52
- Von einigen Zimmern im **Hilton Hotel Nordica** hat man einen hervorragenden Blick auf Reykjavíks Hausberg Esja. › S. 52
- Nirgends ist man den Wikingern sowie ihrer Geschichte und Kultur so nahe wie im **Hotel Viking** in Hafnarfjörður. › S. 60
- Das **Hotel Glymur** in Akranes überzeugt mit geschmackvoll eingerichteten Zimmern und tollem Ausblick auf den Hvalfjörður. › S. 69
- Das **Brimnes** in Ólafsfjörður bietet gemütliche Blockhütten direkt am See mit Grill und Hot Pot. › S. 96
- Die ungewöhnlichste Unterkunft Islands ist die gemütlich eingerichtete **Kirche in Stöðvarfjörður** – Schlafen auf der Empore mit Blick auf den Altar! › S. 106
- Perfekter Ausgangspunkt für Hochlanderkundungen: Das **Hochlandzentrum** in Hrauneyjar bietet Zimmer für jeden Geldbeutel und unterhält ein Infozentrum. › S. 134

Die »grüne Lagune« der Mývatn Nature Baths im Norden Islands

LAND & LEUTE

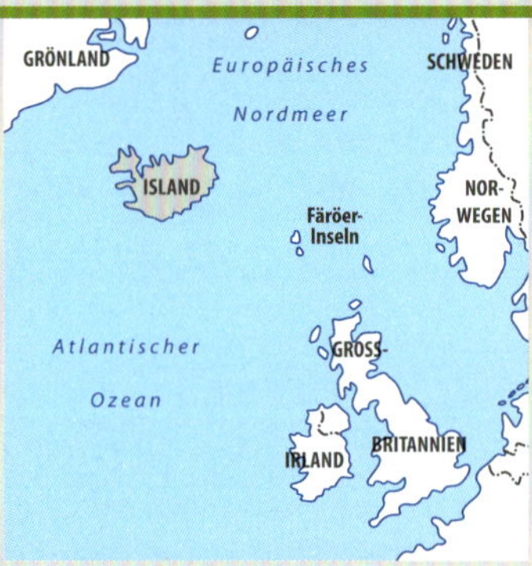

STECKBRIEF

- **Fläche:** 103 106 km² (inkl. Inseln), davon Weideland und kultivierte Nutzfläche 23,8 %, Ödland 64,5 %
- **Hauptstadt:** Reykjavík
- **Amtssprache:** Isländisch
- **Einwohner:** 325 000 (Sept. 2013)
- **Bevölkerungswachstum:** 0,7 %
- **Lebenserwartung:** Männer 80 Jahre, Frauen 83 Jahre
- **Nationalfeiertag:** 17. Juni (Geburtstag von Jón Sigurðsson 1811)
- **Internet-Kennung:** .is
- **Landesvorwahl:** +354
- **Währung:** Isländische Krone (ISK)
- **Zeitzone:** UTC +0 (ehemals GMT), d.h. MEZ –1 Std., keine Sommerzeit

Lage

Island liegt genau auf dem Mittelatlantischen Rücken zwischen 63°17'30" und 67°07'05" nördlicher Breite und 13°16'07" und 24°32'12" westlicher Länge, die kleineren Inseln sind dabei berücksichtigt. Die nächsten Nachbarn sind Grönland (287 km) im Nordwesten und die Färöer-Inseln (420 km) im Südosten. Die Ausdehnung des Inselstaates beträgt in Nord-Süd-Richtung rund 300 km, von Ost nach West rund 500 km.

Politik und Verwaltung

Island ist eine parlamentarische Republik mit einem vom Volk gewählten Präsidenten als Staatsoberhaupt. Ólafur Ragnar Grímsson hat das Amt seit 1996 inne.

Seit den Wahlen am 27. April 2013 regiert wieder eine liberal-konservative Koalition aus der Fortschrittspartei, deren Vorsitzender Sigmundur Davíð Gunnlaugsson jetzt Premierminister ist, und der Unabhängigkeitspartei.

Island ist in acht Bezirke oder Regionen gegliedert: Höfuðborgarsvæðið (Reykjavík), Suðurnes (Reykjanes), Vesturland, Vestfirðir, Norðurland vestra und eystra, Austurland und Suðurland. Die Bezirke sind in 22 Kreise (*sýslur*) und 20 kreisfreie Städte (*kaupstaðir*) aufgeteilt, mit jeweils eigenständigen Verwaltungen.

Wirtschaft

Lange Jahre war die Fischindustrie der wichtigste Wirtschaftsfaktor und brachte die höchsten Einnahmen bei den Exporten. 2012 lag der Anteil der Fischprodukte nur noch bei 42% des gesamten Exports, der

Export von Aluminium ist dagegen auf 52 % gestiegen.

Dank der vorhandenen Energieressourcen – Geothermalenergie und Wasserkraft – können Aluminium oder Eisensilizium günstig aus australischen Rohstoffen produziert werden. Aluminiumschmelzen stehen bei Hafnarfjörður, Grundartangi und in Reyðafjörður. Neben der energieintensiven Industrie gilt auch die Hightechbranche als Wachstumssektor; als stabiler Wirtschaftszweig hat sich der Tourismus erwiesen.

2008 brach die erfolgsverwöhnte Wirtschaft des Landes aufgrund der hohen Auslandsschulden der Privatbanken und der globalen Finanzkrise dramatisch ein. Zeitweise drohte sogar der Staatsbankrott. Der Arbeitsmarkt brach dramatisch ein. Einige Faktoren für die seitdem vorangekommene wirtschaftliche Besserung sind die seit der Krise geringeren Importkosten und die bisherige Weigerung, die Auslandsverpflichtungen komplett zu begleichen. Die Privatschulden haben für viele ein bedrohliches Ausmaß angenommen. Immerhin liegt die Arbeitslosigkeit nur noch bei 6 %.

Menschen

Die Bevölkerungsdichte – 3,1 Menschen pro km² – relativiert sich, wenn man auf die Verteilung blickt: Allein 65 % der Isländer leben im Großraum Reykjavík, die übrigen verteilen sich entlang der Küste.

Die evangelisch-lutherische Kirche dominiert, 82 % der Isländer gehören ihr an. Trotz der hohen Lebenserwartung droht in Island noch keine Überalterung, 12 % der Bewohner sind über 65 Jahre alt, demgegenüber sind 22 % unter 14. Vier von fünf Babys wachsen bei unverheirateten Eltern auf.

Bei der Namensgebung, die sich am skandinavischen Vaternamensrecht orientiert, erhalten die Kinder den Vornamen des Vaters als Nachnamen mit der Endung *-son* (Sohn) bzw. *-dóttir* (Tochter).

Sprache und Schrift

Der Ursprung des Isländischen liegt im Altnordischen, das bis ins Mittelalter im gesamten skandinavischen Raum gesprochen wurde. Während sich die anderen skandinavischen Sprachen stärker veränderten, bewahrte das Isländische viele alte Strukturen, und so können Isländer mittelalterliche Texte lesen und größtenteils verstehen. Aus der Runenschrift stammt der Buchstabe Þ/þ (gesprochen wie ein hartes englisches th z. B. in *bath*). Weitere Sonderzeichen des Isländischen sind Ð/ð (stimmhaftes th wie in *that*) und Æ/æ (wie deutsch ei)

Um mit der Zeit zu gehen, schlägt das Institut für isländische Sprache der Universität Reykjavík regelmäßig Wortneuschöpfungen vor. Doch auch in Island werden englische Ausdrücke immer gebräuchlicher, vor allem bei den Jugendlichen und in der Wirtschafts- und Technologiewelt. Die Förderung der Fremdsprachenkenntnisse ist in Island genauso obligatorisch wie die Pflege der eigenen, identitätsbewahrenden Sprache.

Geschichte im Überblick

860 Der Norweger Flóki Vílgerðarson gibt der Insel den Namen »Eisland«, da die harten Winter und das dichte Treibeis seine Siedlungspläne in den Westfjorden zunichte gemacht hatten.
874 Ingólfur Arnarson lässt sich in der Rauchbucht Reykjavík nieder; ihm folgen rund 400 Siedler mit ihren Sippen.
930 Die freien Bauern Islands gründen das *Alþing* (Althing), eine Volksversammlung, und damit auch den isländischen Freistaat. Rund 60 000 Menschen leben im 10. Jh. in Island.
1000–1230 Annahme des Christentums auf dem Althing. Schon 1056 wird der erste Bischofssitz in Skálholt gegründet, 50 Jahre später der zweite in Hólar. Zeitalter der kulturellen Blüte, in dem auch die Sagas entstehen.
1230–1262 Die Goden-Kämpfe während der Sturlungar-Zeit führen zum Ende des isländischen Freistaats, die Isländer erkennen den norwegischen König an.
1380 Island und Norwegen fallen durch Erbfolge an die dänische Krone.
1550 Der katholische Bischof Jón Arason wird auf Geheiß des Dänenkönigs in Skálholt enthauptet; die lutheranische dänische Staatskirche setzt sich mit Gewalt durch.
1602 Einführung des dänischen Handelsmonopols.
1800 Auf Befehl des dänischen Königs hin wird das Althing abgeschafft, am 8. März 1843 auf Druck der Unabhängigkeitsbewegung unter Jón Sigurðsson (1811 bis 1879) aber wieder eingesetzt.
1854 Ende des dänischen Handelsmonopols.
1874 Zur 1000-Jahr-Feier der Besiedlung überbringt der dänische König Christian IX. die Urkunde mit der neuen Verfassung, die dem Althing die gesetzgebende Gewalt und autonome Verwaltung der Finanzen zubilligt.
1904 Hannes Hafstein (1861 bis 1922) löst als erster isländischer Minister den bisherigen dänischen Gouverneur ab.
1918 Der dänische König bleibt Staatsoberhaupt, aber durch eine Unionsakte wird Island ein souveräner Staat mit eigener Flagge.
1944 Per Volksabstimmung gibt sich Island den Status einer unabhängigen Republik, die am 17. Juni in Þingvellir ausgerufen wird.
1949 Island ist eines der Gründungsmitglieder der NATO.
1951 Schutzabkommen mit den USA, die daraufhin einen Militärstützpunkt in Keflavík errichten.
1952–76 Die schrittweise Ausdehnung der Fischereigrenzen auf 200 Seemeilen führt zu Konflikten mit anderen Fischerei-Nationen (»Kabeljaukriege«).
1971 Mit dem »Codex regius« der Lieder-Edda kommt die erste der alten isländischen Handschriften aus Dänemark zurück. 1987 ist die Rückführung abgeschlossen.

1993 Island tritt dem EWR bei, acht Jahre später dem Schengen-Abkommen.
1999 Lehrplan-Reform: Englisch löst Dänisch als erste Pflicht-Fremdsprache ab.
2006 Die USA lösen ihre Militärbasis in Keflavík auf.
2008 Island stürzt in eine dramatische Finanzmarktkrise mit drohendem Staatsbankrott.
2009 Ein Mitte-Links-Bündnis aus Sozialdemokraten und Grünen gewinnet die vorgezogenen Parlamentswahlen. Im Juli beantragt Island die Aufnahme in die EU.
2010 Die Asche des ausgebrochenen Eyjafjallajökull legt den europäischen Flugverkehr lahm.
2012 Ex-Premier Geir Haarde muss sich wegen fahrlässiger Amtsführung während der Finanzkrise vor Gericht verantworten.
2013 Die Parlamentswahlen bringen wieder die Konservativen an die Macht.

Natur & Umwelt

Island entstand vor rund 25 Mio. Jahren und ist somit erdgeschichtlich ein sehr junges Land. Als größte Vulkaninsel der Welt liegt es auf dem Mittelatlantischen Rücken, der die Bruchkante zwischen der eurasischen und der nordamerikanischen Kontinentalplatte bildet.

Island entstand an einer Stelle, an der Lava aus einem Vulkan dieser Gebirgskette bis an die Wasseroberfläche aufstieg und dort erstarrte; es unterliegt bis heute stetigen geologischen Veränderungen. Jährlich driften die beiden Platten um etwa 2 cm auseinander, und somit wächst auch Island, dessen Südwesten auf der amerikanischen und dessen Nordosten auf der eurasischen Kontinentalplatte liegt.

Entlang der Riftzone kommt es immer wieder zu Ausbrüchen und Spalteneruptionen. Schnell schießen dann bis zu 1000 °C heiße Gesteinsmassen empor, erkalten und füllen damit die Lücken mit neuer Lava wieder auf. Die Erdaktivitäten lassen auf der Insel mehr als 200 Vulkane und rund 25 Hochtemperaturgebiete mit bis zu 200 °C heißen Schwefelquellen und Fumarolen rumoren und blubbern.

Vulkanismus und Gletscher

In Island erlebt man Erdgeschichte live. Am ehesten fallen Schicht- oder Stratovulkane auf – Feuerberge wie der Snæfellsjökull oder die Hekla, die aus vielen Ascheschichten aufgebaut und deswegen sehr steil sind. Am Südwestufer des Mývatn haben sich Pseudokrater gebildet, als ein Lavastrom über eine Wasserfläche floss. Dabei entstand heißer Dampf, der sich explosionsartig einen Weg nach oben bahnte und den Krater hinterließ. In Hochtemperaturgebieten häufig anzutreffen sind Fumarolen, kleine Erdspalten an aktiven Vulkanzonen, die es in sich haben: Trifft Grundwasser auf das etwa 800–1200 °C heiße Magma, wird es explosionsartig erhitzt und schießt als stark CO_2-haltiger Dampf in die Höhe. Solfatare sind Schlammtöpfe, die Wasserdampf und Schwefelwasserstoff ausstoßen – Kennzeichen sind gelblich-weiße Ränder aus Salzkristallen und Schwefelablagerungen.

Prägend sind auch mächtige Gletscher wie Vatnajökull, Langjökull oder Hofsjökull. Die Eiszungen haben im Lauf der Zeit Basaltgestein zu Steinen und Sand zerrieben, das vom Schmelzwasser in Richtung Meer getragen wird. Die Folgen sind am Mýrdalssandur zu sehen – eine relativ ebene, eintönige Sanderfläche, die von der Ringstraße in zwei Hälften geteilt wird.

Landschaftsformen

Nicht nur der Vulkanismus verändert die Landschaft, sondern auch der Mensch. Über 60 % der Insel sind Ödland, überwiegend aus erstarrter Lava bestehend. Den besten Eindruck davon erhält man im Hochland mit seinen Lava- und Schotterwüsten, Endmoränen und Gletschern. Mit einem Rekultivierungsprogramm versucht man, den Boden in den Hochlandgebieten vor Erosionseinflüssen zu schützen, und einige Regionen überzieht heute eine dünne Grasdecke.

Knapp 20 % der Landfläche werden als Weide- und etwa 1 % als Ackerland genutzt, vor allem im Süden. Die Landwirtschaft spielt zwar auch im übrigen Küstengebiet eine wirtschaftliche Rolle, aufgrund des geologischen Profils mit oft steilen Küsten ist eine großflächige Nutzung aber nicht möglich. Besonders im Nordwesten prägen Basaltgebirge die Küstenlinien, in die sich z. T. tiefe Fjorde eingegraben haben; hier wurden die meisten der abgeschiedenen Höfe aufgegeben. Typisch für den Süden sind auch die brei-

Schafe und Pferde prägen das Bild der isländischen Landschaft

ten, schwarzen Lavasandstrände und das riesige Sandergebiet zwischen Mýrdalsjökull und Vatnajökull. Aufgrund der staatlich verordneten Reduzierung der Schafe beteiligen sich viele Bauern alternativ am Wiederaufforstungsprogramm. Auch wenn die Begrünung der Insel ihrem Charakter zur Zeit der Besiedlung im 9. Jh. entspricht, fürchten Kritiker, dass die weiten Lupinenflächen, deren Aussaat zur Anreicherung des Bodens notwendig ist, langfristig aus der grünen Insel eine blaue machen.

Weite Teile von Islands Ostens stehen seit 2008 im größten Nationalpark Europas unter Schutz: Der Vatnajökull-Nationalpark, dessen Infrastruktur stetig ausgebaut wird, umfasst 11 % der Landesfläche und bezieht mehrere kleinere Nationalparks und Schutzgebiete mit ein.

Flora

Nur auf den ersten Blick wirkt Islands Flora eintönig, immerhin gibt es ca. 450 höhere Pflanzenarten. Am steinigen Boden entdeckt man Fleckenmuster aus grau- bis gelbgrünen Moosen der Gattung *Rhacomitrium*. Dazwischen schimmern früh blühender Thymian, rosa Alpenheide, Schwarze Krähenbeere, Rauschbeere sowie viele Heidelbeersträucher. Im Hochland gedeihen Zwergbirken, deren Laub sich im Herbst rot verfärbt. Hallormsstaðarskógur im Osten ist ein Wald, wie man ihn auch aus Mitteleuropa kennt; meist sieht man aber kleine subpolare Birkenwälder, die der Abholzung und dem Verbiss durch Schafe trotzen.

Fauna

Auch Islands Tierwelt ist, vor allem wegen der isolierten Insellage, recht artenarm. Eine einzige Säugetierart, den Polarfuchs, gab es schon, bevor die ersten Siedler kamen. Andere Arten wie Rentiere, Nerze oder Wildkaninchen wurden eingeführt.

Zu den beliebtesten Haustieren zählt das widerstandsfähige, trittsichere und treue Islandpferd. So streng sind die Zuchtgesetze, dass selbst Pferde, die im Ausland an einem Turnier teilgenommen haben, nicht mehr nach Island zurückgebracht werden dürfen. Die verspielten Islandhunde, erkennbar am geringelten Schwanz, sind eine der ältesten Hunderassen der Welt und werden v. a. als Schaf-Hütehunde eingesetzt.

Am und im Meer ist sehr viel mehr Vielfalt geboten: Seehunde und Kegelrobben, Finn-, Sei- oder Zwergwale, daneben Pott-, Schwert- und Grindwale sowie rund 250 Fischarten, unter anderem Polardorsche oder Grönlandhaie, kommen rund um Island vor. Mehr als 70 Vogelarten kann man an Vogelfelsen wie Látrabjarg › **S. 76** am Südwestzipfel der Westfjorde beobachten, darunter den Basstölpel, mit einer Spannweite von 1,80 m Islands größter Meeresvogel. Auch Herings-, Silber- und Eismöwen sowie Dickschnabel- und Trottellummen, deren Aussehen an Pinguine erinnert, leben an den Felsen › **Seitenblick S. 77**.

Kunst & Kultur

Literatur

Sprache und Literatur sind die wichtigsten identitätsbildenden Faktoren der Isländer. Mit der Einführung des Christentums wurde das Alphabet übernommen und schon bald für die Landessprache benutzt. Die ersten schriftlichen Zeugnisse im Isländischen sind die von Hafliði Másson in den Jahren 1117/18 niedergelegten Gesetze. In dieser Zeit verfasste auch Ári Þorgilsson die erste isländische Geschichte von der Besiedlung bis zur Christianisierung, das »Íslendingabók«. Die herausragendsten Werke der mittelalterlichen Literatur sind die »Edda« und die »Íslendingasögur«, die Sagas, die überwiegend im 13. Jh. verfasst wurden. Auch in der Poesie gibt es eine typisch isländische Form, die im 14. Jh. entstandene Balladenform »rímur«.

Erst im 19. Jh. entwickelte sich wieder eine isländische Literatur, deren Poesie sich mit der Schönheit des Landes, der Reinheit der Sprache und dem erstarkten Nationalgefühl beschäftigte. Die Romane der Zeit lehnten sich stilistisch an den epischen Realismus der Sagas an.

Mit der Ausrufung der Republik und der damit einhergehenden Öffnung der Grenzen kamen neue kulturelle Einflüsse ins Land. Den radikalen Bruch mit der traditionellen Lyrik vollzogen die »Atomdichter«, eine Gruppe von fünf Poeten, die zwischen 1946 und 1953 debütierten.

Die Strömungen der gegenwärtigen Lyrik sind faszinierend vielfältig. Erfrischend ist ihr humorvolles Spiel mit der isländischen Sprache, wie bei Einar Már Guðmundsson, Gyrðir Elíasson, Linda Vilhjálmsdóttir, Steinunn Sigurðardóttir und Sjón (Sigurjón B. Sigurðsson).

Nachhaltige Beeinflussung erfuhr der isländische Roman durch das Werk Þórbergur Þórðarsons (1889–1974), der mit seinen Essays und Memoiren nach 1924 eine Sensation schuf. Seine Texte waren von Stil und Ideologie her – er verband radikale sozialistische Ansichten mit seinem Interesse für übernatürliche Phänomene – revolutionär. Vor allem in Hinblick auf die Rezeption isländischer Autoren in Deutschland bis 1945 seien auch Gunnar Gunnarson (1889–1975) und Jón Sveinsson (1857–1944) erwähnt.

Maßgeblich zur Erneuerung der isländischen Prosa trug Halldór Laxness (1902–1998) bei, der mit seinen gesellschaftskritischen Romanen internationalen Ruhm erlangte. In »Atomstation« (1948) beschreibt er die isländische Gesellschaft so schonungslos, dass einige Patrioten ein Übersetzungsverbot für das Werk erlassen wollten. Mit dem Erhalt des Nobelpreises für Literatur 1955 wurde Laxness als erster isländischer Nachkriegsautor weltweit bekannt.

Die junge Autorengeneration ist längst aus dem langen Schatten von Laxness herausgetreten. Heute geht es um typische Fragen westlicher Industriegesellschaften wie Verstädterung, Identitäts- und Sinnkrisen. Und doch wirken die oft skurrilen und getriebenen Helden so ganz anders, wie z. B. bei Hallgrímur Helgason (»101 Reykjavík«) oder Bragi Ólafsson (»Haustiere«). Die in Deutschland wohl bekanntesten isländischen Schriftsteller sind Krimiautoren wie Arnaldur Indriðason (Krimiserie mit dem Kommissar Erlendur Sveinsson, erschienen bei Bastei Lübbe) und Stella Blómkvist (erschienen bei btb).

Über die jüngsten literarischen Entwicklungen im Land und neue Übersetzungen informiert das Isländische Literaturzentrum (www.islit.is/en).

Bildende Kunst

Die Kunstszene in Island ist lebendig und kreativ. Fast jedes Jahr finden sich neue Skulpturen in Reykjavík und Umgebung, die den natürlichen und selbstverständlichen Umgang mit Kunstwerken dokumentieren.

Als Wegbereiter im ausgehenden 19. Jh. gelten Þórarinn Þorláksson, Ásgrímur Jónsson, Jón Stefánsson, Jóhannes S. Kjarval sowie der Bildhauer Einar Jónsson. Alle besuchten die Kunstakademie in Kopenhagen und setzen sich in ihren Werken mit der Natur Islands auseinander.

Jóhannes S. Kjarval (1885–1972) war der bedeutendste Maler Islands. Typisch für sein Werk ist das Einfließen symbolistischer und fantastischer Elemente in die dargestellten Landschaften. Einen Großteil seiner Arbeiten zeigt das nach ihm benannte Kunstmuseum von Reykjavík.

Einar Jónsson (1874–1954), der erste isländische Bildhauer, entwickelte einen Symbolismus, der sich aus nordischer, griechischer und asiatischer Mythologie, Theosophie und Mystik zusammensetzt. Einen Großteil seiner Werke kann man in seinem ehemaligen Atelier und Wohnhaus neben der Hallgrímskirkja in Reykjavík sehen.

Nach 1918 studierten Künstler auch in Deutschland und Frankreich – so Finnur Jónsson (1892 bis 1989), der ein Schüler Kokoschkas in Dresden war. Seine vom Expressionismus, Kubismus oder Konstruktivismus geprägten Arbeiten fanden allerdings in den 1920er-Jahren in Island wenig Beifall.

Die erste umfangreiche Ausstellung gegenstandsloser Kunst in Island präsentierte im August 1945 Arbeiten von Svavar Guðnason (1909–1988). Er lernte in Paris bei

Isländische Gegenwartskunst von Helgi Þórgils Friðjónsson

Fernand Léger und machte sich mit dem Kubismus vertraut. Auch die Bildhauerei erhielt neue Impulse, v.a. durch Ásmundur Sveinsson (1893–1982) und Sigurjón Ólafsson. Sveinssons Arbeiten zeichnen sich durch eine Mischung kubistischer und archaischer Elemente aus. Seine Skulpturen kann man vielerorts in Reykjavík sowie in seinem Atelier mit Skulpturengarten in der Nähe von Laugardalur studieren.

Mitte des 20. Jhs. wurden Ideen wie Pop Art und Fluxus aufgegriffen. Einige Künstler schlossen sich 1965 zur »Vereinigung junger bildender Künstler« (SÚM) zusammen. Künstler wie Dieter Roth, der lange in Island lebte und arbeitete, beeinflussten die Kunstszene nachhaltig. 1965 stellte Guðmundur Guðmundsson (besser bekannt als Erró) in Reykjavík aus, dessen Stil als Mischung aus Pop Art und Surrealismus beschrieben wird. 1969 eröffnete SÚM eine Galerie, um Werke seiner Mitglieder auszustellen und ausländische Kunst in Island zu zeigen. Das 1978 gegründete Living Art Museum (Nýlistasafn) ist der Nachfolger. International erfolgreich sind derzeit u.a. Ólafur Eliasson, ein in Deutschland lebender Däne isländischer Herkunft, und Gabríela Friðriksdóttir, die 2005 Island auf der Biennale in Venedig repräsentierte. Über die isländische Kunstszene informiert die Website www.icelandicartcenter.is.

Musik

Ein bisschen schräg, dann wieder rockig, bunt gemixt – so präsentiert sich Islands Unterhaltungsmusik, die man mit Namen wie Björk, GusGus, Sigur Rós oder Mezzoforte verbindet. Nachwuchsbands wie »Rökkurró« oder »Quarashi« werkeln an einer neuen Erfolgsstory. Für Furore sorgte die gebürtige Isländerin und Popsängerin Emiliana Torrini mit »Gollums Song« aus dem Film »Herr der Ringe II«. »Rimur. Icelandic Chants«, so heißt eine populäre Sammlung mit australischen Didgeridoo-Klängen und irischen Harfentönen gemixter alter isländischer Volkslieder, die Steindór Andersen veröffentlichte (Naxos World).

Schon lange haben die vielen Chöre und Gesangvereine, die meist zwischen 1700 und 1900 entstanden, vertonte bäuerlich-romantische »Reime« von Jón Sigurðsson (1853–1922), Jón S. Bergmann (1874–1927) oder Pfarrer Hannes Bjarnason (1776–1838) entdeckt.

Jón Leifs (1899–1968) gilt als Begründer der klassischen isländischen Musik. In seine Kompositionen flossen sowohl Elemente der Volksmusik ein als auch isländische Themen, wie z. B. die »Saga-Symphonie«, »Geysir«, »Hekla« oder »Die Antwort eines Wikingers« schon im Titel zeigen. Bekanntester Gegenwartskomponist ist Atli Heimir Sveinsson.

Das 1950 gegründete Isländische Symphonieorchester genießt international einen guten Ruf. Seit der Eröffnung des Konzertzentrums Harpa › **S. 47** hat das Orchester jetzt auch einen adäquaten Spielort.

In die Welt isländischer Musik entführt die Website www.musik.is.

Feste & Veranstaltungen

In Island wird sehr gern gefeiert. Die traditionellen kirchlichen Feiertage, wie z. B. Weihnachten, bereichert man mit alten Bräuchen. Wichtig ist dabei das Zusammensein mit Familie und Freunden.

Festkalender

24. Januar bis 23. Februar: Þorrablót. Zur Austreibung des Wintergottes Þorri findet das Þorrablót-Essen im Familien- und Freundeskreis statt: mit geräucherten und gepökelten Spezialitäten, dazu *brennivín* und Molke.

3. Donnerstag im April: Erster Sommertag. Es wird draußen gefeiert, in Reykjavík z. B. mit Umzügen und Blasmusik, egal, ob es stürmt oder schneit. Man wünscht sich *gleðileg sumar,* einen fröhlichen Sommer, und tauscht Geschenke aus.

Mai: Reykjavík Art Festival. Zweiwöchiges Kunstfestival mit internationalen Gästen. (www.listahatid.is).

Erstes Wochenende im Juni: Tag der isländischen Seemänner. Auf Friedhöfen und Denkmälern für die ertrunkenen Seeleute werden Kränze niedergelegt. In Reykjavík ist der Hafen eine große Straßenfestmeile, meist liegen alle Boote in den Häfen.

17. Juni: Nationalfeiertag. Die Feierlichkeiten finden vor dem Parlament statt, mit Kranzniederlegung am Denkmal von Jón Sigurðsson und dem Auftritt der Bergfrau »Fjalla konan«. In Reykjavík und größeren Orten gibt es Straßenfeste mit Livemusik, die gegen Abend zur feucht-fröhlichen Fete werden.

Juni/Juli: Landsmót (alle zwei Jahre: 2014 etc.), Treffen der besten Reiter und Pferdezüchter der Insel, internationale Reitwettbewerbe, Prämierung der besten Zuchttiere. Wechselnde Austragungsorte (www.landsmot.is).

Erster Montag im August: Bankfeiertag. Einer der wichtigsten Ausflugstage im Sommer. Fällt der Tag auf den 2. August, so hat man den Eindruck, als würden alle jungen Isländer auf Heimaey leben, dort findet nämlich der zweite Nationalfeiertag für die Westmänner statt.

Zweites Wochenende im August: Gay Pride. Bunte Parade der Schwulen und Lesben in Reykjavík (www.gaypride.is).

3. Samstag im August: Reykjavík Cultural Night. An der Kulturnacht beteiligen sich Kultureinrichtungen, Kirchen und Cafés. Ein Feuerwerk bil-

Freiluftkonzert bei der Kulturnacht in Reykjavík

det den krönenden Abschluss. Am Vormittag findet der international beachtete Reykjavík-Marathon statt (www.marathon.is).

September: Réttir. Der Schafabtrieb ist der Höhepunkt des Herbstes. Obwohl anstrengend und langwierig, hat sich diese Arbeit zur Attraktion entwickelt, einige Unternehmen bieten Touren an. Wenn alle Schafe im Rett und auf die Höfe verteilt sind, beginnt der gesellige Teil mit Essen, Trinken, Tanz und Gesang.

Ende Sept./Anfang Oktober: Reykjavík Jazz Festival (www.reykjavikjazz.is).

Oktober: Iceland Airwaves. Festival der isländischen Nachwuchsbands mit Auftritten von Pop- und Rockgrößen aus Europa und den USA. Rund 500 Talentsucher lauschen dem aktuellen Sound des Landes in Clubs, Bars oder Theatern in Reykjavík (http://icelandairwaves.com).

Dezember: Weihnachten. Das Familienfest findet vom 24. bis 26. Dezember statt, aber der ganze Dezember steht im Weihnachtsglanz mit Weihnachtsmärkten und längeren Ladenöffnungszeiten. 13 Weihnachtsmänner bereiten die Kinder auf das Fest vor: Ab dem 12. Dezember kommt jeden Tag einer aus der schrägen Sippe der Jólesveinar (»Weihnachtskobolde«). Am 24. sind alle versammelt; danach verschwinden sie wieder einer nach dem anderen, bis sie sich am 6. Januar endgültig verabschiedet haben.

Essen & Trinken

Islands kulinarisches Angebot ist quasi zweigeteilt: Auf dem Land wird die heiße Liebe der Isländer zu Hot Dog *(pylsur)*, Pommes Frites *(franskar)* mit Mayonnaise und anderem Fast Food deutlich, das vor allem in Ketten- oder Tankstellenrestaurants serviert wird. Doch zumindest in Reykjavík, Akureyri und anderen Zentren mit mehr als 5000 Einwohnern kommen nicht nur die vergleichsweise wenigen Lebensmittel, die im Land produziert werden, in exzellenter Qualität auf den Teller – Lamm- und Hammelfleisch, Schellfisch, Dorsch oder Heilbutt und, zwischen Mai und September, frischer Wildlachs –, in vielen Restaurants der Städte werden auch Köstlichkeiten aus aller Welt angeboten.

Da Essen im Restaurant die Urlaubskasse arg strapaziert, bieten Gaststätten im ganzen Land günstigere Mittagsmenüs (meist ab ca. 12 Uhr) sowie spezielle Abendessen (meist ab ca. 18 Uhr) unter dem Etikett »Tourist Menu« an. Für Kinder gibt es dabei nochmals Rabatte.

Traditionsküche auf dem Land

Fast Food kann schnell eintönig werden. Abwechslung schaffen überwiegend Hotelrestaurants. Die dort eher vertretene traditionsorientierte Küche bietet manches, was auch Mitteleuropäern mundet. So etwa den Frischkäse *skyr,* daneben frisch geräuchertes Lamm oder, als Variante, *saltkjöt,* gesalzenes Lammfilet, das man kalt oder warm essen kann. Mit etwas Glück findet man ein vergleichsweise festes Roggenbrot, als Snack auch *súrmjolk,* Sauermilch, oder herrlich frische Heringe, teilweise in süßer Marinade. Klassische Spezialitäten der isländischen Küche sind streng nach Ammoniak riechender *hákarl* (fermentierter Hai) oder *svið*, halbierte und gebackene Lammköpfe. Dazu schmeckt *rúgbrauð,* ein süßes, dunkles Roggenbrot, das in einigen Gegenden noch in heißen Quellen gegart wird. Teils wird auch Pferdefleisch gegessen. Im September und Oktober, wenn die Schafe geschlachtet werden, kommen Schafswürste *(slátur)* ins Angebot, darunter viel Blut- *(blóðmör)* und Leberwurst *(lifrarpylsa).* Als Delikatesse gilt Papageitaucher *(lundi),* erhältlich z. B. auf den Westmänner-Inseln.

Getränke

Das nach Meinung vieler beste Getränk gibt es umsonst und draußen: frisches Quellwasser, das meist so rein ist, dass es zur Herstellung von Mineralwasser verwendet und sogar ins Ausland exportiert wird. Testen Sie das Angebot mit Marken wie »Akva«, »Ice Blue«, »Iceland Spring« oder »Natural Icelandic Mineral Water«. Säfte, Limonaden – auch kalorienarme – und Milch sind in den meisten Geschäften oder Supermärkten günstig zu haben.

In Island wird eine Kaffeekultur gepflegt, die den Besucher überraschen mag – wer würde so hoch im Norden Espressobars wie die der Kaffeehauskette Kaffitár erwarten? Selbst auf dem Land schenkt man nachmittags gegen 16 Uhr frischen Filterkaffee aus; in Tankstellencafeterias wird zum Preis einer Tasse ein- oder mehrfach nachgefüllt.

Urlauber mit einem Faible für Hochprozentiges sollten sich besser direkt nach der Ankunft im Duty-free-Bereich des Flughafens im Rahmen des Erlaubten eindecken als in den staatlichen Alkohol-Läden VÍNBÚÐ. Bis auf die in Supermärkten erhältlichen Leichtbiere sind alkoholicshe Getränke in Island nämlich extrem teuer. Das gilt auch für das einheimische helle Bier (Marken wie »Viking« oder »Egils«), das nur in Restaurants, Kneipen oder in den Geschäften von VÍNBÚÐ verkauft wird.

Die besten Fischrestaurants

Erst-! klassig

- Das edle Lokal **Humarhusið** ist bei den Reykjavíkern beliebt. › S. 50
- Das Fischgeschäft **Sea Baron** am Hafen von Reykjavík soll die beste Hummersuppe der Stadt haben. › S. 50
- Die Landesspezialität Salzfisch kann man im **Salthúsið** in Grindavík in verschiedenen Variationen probieren. › S. 61
- **Fimm Fiskar** in Stykkishólmur bietet Fisch vom Feinsten, bei gutem Wetter auch auf der Terrasse. › S. 75
- Auch die Reykjavíker kommen gern in den charmanten Ort Stokkseyri, um im Restaurant **Við Fjöruborðið** Hummer zu essen. › S. 119

Der Wasserfall Seljalandsfoss
an der Südküste Islands

TOP-TOUREN
IN ISLAND

Reykjavík, Goldener Kreis und Reykjanes

Das Beste!

- Am Austurvöllur mit Blick auf Parlament und Domkirche Kaffee trinken › S. 48
- In 101 Reykjavík Freitag- oder Samstagnacht ausgehen › S. 54
- Der Blick von Perlans Terrasse auf den Großraum Reykjavík, besonders an einem dunklen Abend › S. 51
- Ein Besuch in Gljúfrasteinn, dem ehemaligen Wohnhaus von Halldór Laxness › S. 54
- In Garðskagi die Mitternachtssonne mit Blick auf den Snæfellsjökull genießen › S. 61
- In der Blauen Lagune ein Bad nehmen › S. 62

In der kleinen Metropole Reykjavík schlägt das kulturelle und wirtschaftliche Herz der Insel im hohen Norden. Die Umgebung der Hauptstadt bietet weltbekannte Sehenswürdigkeiten wie Þingvellir, Geysir/Strokkur oder die Blaue Lagune.

Für eine Islandreise sind Reykjavík und seine Umgebung der ideale Einstieg. Auf kleinem Raum lernt man viele Facetten der Insel kennen. Kultur, Natur und historische Zeugnisse liegen vor allem am Goldenen Kreis mit den weltberühmten Attraktionen Þingvellir, Geysir/Strokkur und Gulfoss nahe beieinander. Auf der Halbinsel Reykjanes bestaunt man urwüchsige Lavalandschaften und besucht typische Fischerorte.

Wer sich Reykjavík vom Flughafen Keflavík nähert, durchfährt die Nachbarorte Hafnarfjörður, Garðabær und Kópavogur, die ein großes urbanes Gebiet bilden. Die Kapitale selbst, die nördlichste Hauptstadt der Welt mit ca. 130 000 Einwohnern, ist Sitz vieler Museen und Gourmetrestaurants, Heimat mehrerer Theater ebenso wie Standort sämtlicher wichtiger Behörden – und Islands bedeutendstes Wirtschaftszentrum.

Das historische Zentrum Reykjavíks wirkt mit seinen Sträßchen und bunten, wellblechverkleideten Häusern fast dörflich. Mit angesagtem Schick begeistern die Boutiquen des Laugavegur, trendig sind die Bistros, Bars und Clubs in den Straßen ringsum. Auch das Eventprogramm › **S. 35** kann sich sehen lassen. Der Mix aus kosmopolitischem Großstadtgepräge und nettem Inselcharme macht Reykjavíks Reiz aus.

Touren in der Region

Tour 4 Mit dem Fahrrad entlang der Küste

Tour-Übersicht:

Verlauf: **Laugardalur › Höfði › Alter Hafen › Seltjarnarnes › Nesstofa › Suðurströnd › Nauthólsvík › Laugardalur**

Blick von der Hallgrímskirkja über Reykjavík

Dauer: 1 Tag

Praktische Hinweise:

- Fahrradverleih bei Borgarhjól, Hverfisgata 50, Tel. 551 5653, www.borgarhjol.is, beim Zeltplatz im Laugardalur und beim Youth Hostel › **S. 53.**
- Während der Brutzeit der Seevögel (Juni/Juli) ist der Weg von Grótta zum Golfplatz gesperrt, dann fährt man durch den Ort.
- › **Karte S. 46.**

› Karte S. 46

Tour-Start:

Diese Fahrradtour beginnt im **Laugardalur** beim Zeltplatz und führt in nordwestlicher Richtung zur Küste. Man passiert ***Höfði** › **S. 49**, sieht die neuen Büro- und Bankgebäude und kommt an Kunstwerken vorbei. Weiter geht es am **Alten Hafen** mit seinen Fischerbooten entlang, anschließend folgt man dem gut ausgebauten Radweg neben der Straße Norðurströnd, der von Reykjavík in die Nachbarstadt **Seltjarnarnes** › **S. 52** führt. Reizvoll ist der Blick über die Bucht Faxaflói bis zum Vulkan Snæfellsjökull. Tafeln an dem großen Parkplatz informieren über die hier brütenden Seevögel. Der schöne Strand ist ein beliebtes Ausflugsziel mit weitem Blick übers Meer, Brandung und Seevögel inklusive. Am äußersten Zipfel der Halbinsel steht der **Leuchtturm Grótta;** bei Ebbe kann man zu ihm hinüberlaufen.

Weiter geht es durch das Naturschutzgebiet bis zum Teich Bakkatjörn und zu einem windumtosten, aber sehr schön gelegenen Golfplatz. Im Ort Seltjarnarnes lohnt z. B. **Nesstofa** einen Blick, ein Steinhaus (1761–63) für den ersten, von Dänemark eingesetzten Arzt auf Island. 1772 wurde hier auch die erste **Apotheke** des Landes eingerichtet (Di, Do, Sa/So 13–17 Uhr). In dem Gebäude ist auch das **Museum der Medizin** untergebracht.

Zur Erholung bietet sich eine Pause im örtlichen Schwimmbad an › **Special S. 92**. Entlang des Suðurströnd stehen schöne Villen mit hübsch gestalteten Gärten. Man kann die meiste Zeit in Strandnähe fahren, doch einige Abschnitte sind nicht befestigt.

Der Radweg führt um Reykjavíks Inlandsflughafen herum bis zum Strandbad **Nauthólsvík** › **Special S. 92** und dem Wald am Öskjuhlíð

mit seinen Spazierwegen. Von hier aus fährt man zurück zum Campingplatz bzw. ins Zentrum.

Tour 5 Goldener Kreis

Tour-Übersicht:

Verlauf: Reykjavík › Mosfellsbær › Þingvellir › Laugarvatn › Geysir › Gullfoss › Skálholt › Hveragerði › Reykjavík

Dauer: 2 Tage

Praktische Hinweise:

- Fast alle großen Hotels in Reykjavík bieten diese Tour als Tages-Busausflug an. Unabhängiger ist man natürlich mit einem Mietwagen: So lohnt sich der Besuch des Gullfoss am späten Abend, um die Mitternachtssonne zu genießen.
- Im Sommer finden in Skálholt an manchen Wochenenden Konzerte statt.

Tour-Start:

Nur zwei Tage dauert diese Tour, doch sie zählt zu den Highlights jedes Islandaufenthalts. Die Rundtour nennt sich poetisch »Goldener Kreis« – nach ihrem Ziel, dem Gullfoss (»Goldener Wasserfall«). Doch auch zischende Geysire und viel Geschichte im Þingvellir-Nationalpark bestimmen den Charakter der Fahrt – schließlich nahm die Besiedlung Islands im Südwesten ihren Anfang.

Man startet in ****Reykjavík › S. 45** und fährt nach **Mosfellsbær › S. 54**, dann die Straße Nr. 36 entlang, die am Halldór-Laxness-Museum ****Gljúfrasteinn › S. 54** vorbeiführt. Von ****Þingvellir › S. 54**, das wegen seiner historischen und geologischen Bedeutung zum Welterbe der UNESCO zählt, folgt man der Straße Nr. 365 zum See ***Laugarvatn › S. 56**. Anschließend geht es auf den Straßen 37 und 35 bis zum ***Geysir › S. 57** mit seinem kleinen, spuck-

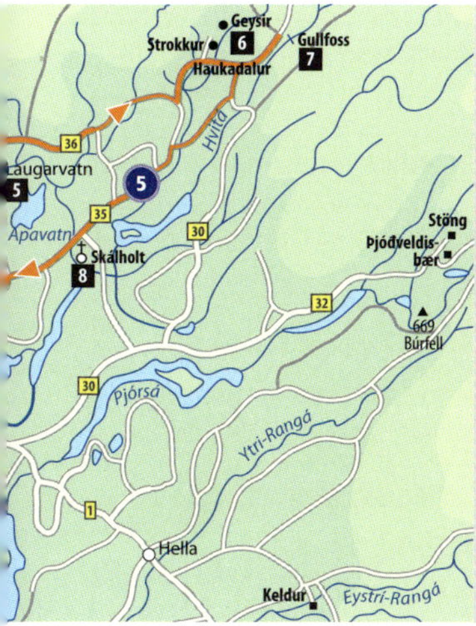

Touren in Reykjavík und Umgebung

Tour 4
Mit dem Fahrrad entlang der Küste
Laugardalur › Höfði › Alter Hafen › Seltjarnarnes › Suðurströnd › Nauthólsvík › Laugardalur › auch S. 46

Tour 5
Goldener Kreis
Reykjavík › Mosfellsbær › Þingvellir › Laugarvatn › Geysir › Gullfoss › Skálholt › Hveragerði › Reykjavík

Tour 6
Rund um die Halbinsel Reykjanes
Reykjavík › Hafnarfjörður › Keflavík › Garður › Brücke zwischen den Kontinenten › Grindavík › Blaue Lagune › Reykjavík

freudigeren Nachbarn ****Strokkur** › S. 57. Im **Hótel Geysir** › S. 57 kann man übernachten, doch vorher sollte man noch die wenigen Kilometer bis zum »goldenen« ****Gulfoss** › S. 57 fahren, der im Spätnachmittagslicht schimmert, als sei er mit Blattgold überzogen.

Am nächsten Tag führt die Fahrt über den alten Bischofssitz **Skálholt** › S. 58 und über das Gartenbauzentrum ***Hveragerði** › S. 58 wieder zurück nach Reykjavík.

Tour 6 Rund um die Halbinsel Reykjanes

Tour-Übersicht:

Verlauf: **Reykjavík › Hafnarfjörður › Keflavík › Garður › Brücke zwischen den Kontinenten › Grindavík › Blaue Lagune › Reykjavík**

Dauer: 2 Tage

Praktische Hinweise:

- Für die westliche Küstenregion braucht man einen Pkw, deshalb bietet sich die Tour auch als Abschluss einer Reise an, bevor man das Auto am Flughafen zurückgibt.
- Zwischen Reykjavík und Keflavík und von dort nach Garður und Hafnir verkehren Busse; außerdem ermöglicht der Flybus › S. 52 das Wellnesserlebnis Blaue Lagune kurz vor der Heimreise.
- Die in dieser Rundtour beschriebenen Ziele kann man auch auf kurzen Ausflügen von Hafnarfjörður aus erkunden.

Tour-Start:

Der Name der karg-schönen, stark vulkanisch geprägten Halbinsel Reykjanes setzt sich aus *reykur,* »Dampf«, und *nes,* »Landzunge«, zusammen. Aus der vulkanischen Vergangenheit haben sich die bekanntesten Geothermalgebiete Islands erhalten.

Von ****Reykjavík** › S. 45 fährt man in Islands drittgrößte Stadt ***Hafnarfjörður** › S. 59 und weiter nach **Keflavík** › S. 60, wo das Wikingerschiffmuseum einen Besuch wert ist. Auch die Küstenorte **Garður** › S. 61 und **Sandgerði** › S. 61 warten mit Museen auf.

Zurück auf der Straße Nr. 41 biegt man bald auf die Nr. 44 ab und folgt schließlich der Nr. 425 entlang der Küste.

Stoppen sollte man bei ***Hafnarberg** › S. 62: Schier unglaublich ist die Lärmkulisse Abertausender Seevögel an diesen atemberaubend steilen Lavafelsen. Weiter südlich trifft man auf die **Brücke zwischen den Kontinenten** › S. 62.

Nun fährt man auf einer Schotterstraße über Grindavík weiter zur ****Blauen Lagune** › S. 62. Hier beendet man den Tag mit einem Bad im türkisblauen Wasser und übernachtet in der Blue Lagoon Clinic. Am nächsten Tag besucht man **Grindavík** › S. 61 mit dem Salzfischmuseum, bevor es nach Reykjavík zurückgeht.

Wichtige Adressen

- Zu Reykjavík › S. 52
- Über Reykjanes informiert die Website www.visitreykjanes.is.

1 Unterwegs in **Reykjavík 1

Zentrum

Einen guten ersten Eindruck von der Stadt vermittelt der **Laugavegur** mit seiner Verlängerung, der **Bankastræti**. Beide Straßen sind ein Shoppingrevier für klassisch-isländische Wollpullis, Kleidung, CDs, Bücher und mehr.

Þjóðmenningarhús A

Das Kulturhaus zeigt mittelalterliche Originalmanuskripte z. B. der Sagas und der Edda sowie wechselnde Ausstellungen (Hverfisgata 15, tgl. 11–17 Uhr, www.thjodmenning.is).

**Austurstræti B und Aðalstræti

Die **Austurstræti** mit ihren zahlreichen Bistros und Bars wandelt sich vor allem in lauen Sommernächten samstags zur Openair-Partymeile. Um **Aðalstræti**, die 1762 befestigte, älteste Straße der Stadt, deren Namen einfach Hauptstraße bedeutet, gruppieren sich die ältesten Häuser Reykjavíks. Hier fand man bei Ausgrabungen auch die Reste eines Langhauses, das nun im Kontext der Ausstellung ****871 +/-2** C zu sehen ist. Sie dokumentiert spannend und informativ die Siedlungsgeschichte Reykjavíks. Ihr Name bezieht sich auf das Entstehungsdatum des Langhauses (tgl. 10 bis 17 Uhr, www.reykjavik871.is).

An der Ecke zur Hafnarstræti steht das 1850 gebaute rote **Falkenhaus** D, in dessen Vorgängerbau früher die für den dänischen König gefangenen isländischen Jagdfalken gehalten wurden. Heute ist hier ein Restaurant untergebracht. Eine Anlaufstelle für alle Neuankömm-

Reykjavíks fast dörfliches Zentrum

› Karte S. 46

linge ist Reykjavíks Touristeninformation im Haus Nr. 2.

**Hafenhaus E

Erst-klassig

Im Hafnarhúsið präsentiert das Kunstmuseum Reykjavík Wechselausstellungen, und man kann sich hier ausführlich mit dem Werk des isländischen Malers Erró › **S. 34** befassen (Tryggvagata 17, Fr–Mi 10 bis 17, Do 10–20 Uhr, www.artmuseum.is, www.listasafnreykjavikur.is).

Einen tollen Blick auf den alten Hafen bieten die Panoramafenster in der Cafeteria sowie die Bücherei des Hafnarhús.

Seit ihrer Eröffnung 2011 dominiert die Konzert- und Kongress-

halle **Harpa** den Hafen. Der Künstler Ólafur Elíasson zeichnet für die Fassade verantwortlich, deren wabenförmige Glasfenster tagsüber das Licht verschiedenfarbig reflektieren und nachts von LEDs erleuchtet werden.

Der Bau beherbergt die isländische Oper und das isländische Symphonieorchester. Im Foyer gibt es ein Café mit schönem Blick auf die Innenstadt und einen Musikshop mit einer großen Auswahl isländischer Musik (www.harpa.is).

Unweit vom Hafnarhús kann man im **Hvalstöðin-Walcenter** auf dem Schiff »Fífill« Walbeobachtungstouren buchen › **S. 22**.

Tour in Reykjavík

Tour 4

Mit dem Fahrrad entlang der Küste

Laugardalur › Höfði › Alter Hafen › Seltjarnarnes › Suðurströnd › Nauthólsvík › Laugardalur › auch S. 42

- A Þjóðmenningarhús
- B Austurstræti
- C 871 +/-2
- D Falkenhaus
- E Hafenhaus
- F Domkirkjan
- G Rathaus
- H Nationalmuseum
- I Listasafn Íslands
- J Nordisches Haus
- K Hallgrímskirkja
- L Living Art Museum (Nylo)
- M Kunstmuseum Reykjavík
- N Höfði
- O Ásmundarsafn
- P Botanischer Garten
- Q Laugardalslaug
- R Perlan

Parlament und Domkirkjan F

Neben dem eher unscheinbaren **Parlamentsgebäude** (Alþingishús) am Austurvöllur steht die kleine weiße Lutherische **Domkirkjan**, die 1796 gebaut wurde, nachdem der Bischofssitz von Skálholt › S. 58 hierher verlegt worden war (Mo–Fr 10–16.30 Uhr, www.domkirkjan.is).

**Rathaus G

Sehr viel neuzeitlicher zeigt sich das 1992 eingeweihte, wegen seiner postmodernen Architektur umstrittene Rathaus. Im Souterrain gibt ein ca. 5 × 4 m großes Reliefmodell der Insel einen hervorragenden Überblick über Gletscher, Täler, Vulkane, Fjorde und über das Straßennetz von Island. Von der Cafeteria hat man einen schönen Blick auf den Tjörnin (Mo–Fr 8–19, Sa/So 12 bis 18 Uhr).

*Tjörnin-See

Das Rathaus grenzt an den idyllischen See, der für seine Vogelvielfalt bekannt ist. Mitten in der Stadt nutzen diverse Entenarten den Teich als Brutrevier, darunter die seltene Eiderente. Im Winter dümpeln die nicht minder raren Singschwäne auf dem Wasser.

*Nationalmuseum H

An der Südwestseite des Sees kann man im Nationalmuseum (*Þjóðminjasafn Íslands)* Exponate betrachten, die bis zur Zeit der ersten Besiedelung zurückreichen und die Kulturgeschichte des Landes dokumentieren – ein hervorragender Überblick über Islands Geschichte (Mai–Mitte Sept. tgl. 10–17, sonst Di–So 11–17 Uhr, www.natmus.is).

**Listasafn Íslands I

In der Nationalen Kunstgalerie sind Werke bekannter Maler wie Ásgrímur Jónsson in Dauerausstellungen vertreten. Daneben gibt es wechselnde Schauen, bei denen sich isländische Nachwuchskünstler dem Publikum präsentieren (Di–So 11–17 Uhr, www.listasafn.is).

SEITENBLICK

Aus der Stadtgeschichte

Die Gründung Reykjavíks geht auf den Norweger Ingólfur Arnarson zurück. Er wollte 874 die Götter über seinen neuen Wohnort entscheiden lassen und warf die hölzernen Säulen seines Hochsitzes über Bord. Wo sie antrieben, wollte er siedeln. Man fand die Säulen erst drei Jahre später an einem Ort mit vielen heißen Quellen und Schlammlöchern: im Laugardalur-Tal östlich der heutigen Altstadt. Ingólfur benannte die Bucht Reykjavík, Rauchbucht.

1786 erhielt die kleine Handelsstation die Stadtrechte, und 1843 tagte erstmals das Alþing in dem Ort, dessen wirtschaftlicher Aufschwung unter anderem dank besserer Verkehrsverbindungen zu Beginn des 20. Jhs. begann. Gleichzeitig schnellte die Zahl der Einwohner sprunghaft in die Höhe. Heute leben im Großraum Reykjavík rund 190 000 Menschen.

Nordisches Haus J

In diesem Kulturzentrum der nordischen Länder, das der finnische Architekt Alvar Aalto 1968 entworfen hat, gibt es immer wieder interessante Ausstellungen und zudem ein gutes Restaurant (Bibliothek tägl. 12–17, Ausstellungskeller tägl. außer Mo 12–17 Uhr, www.nordichouse.is).

**Hallgrímskirkja K

Mit dem Bau der hoch emporragenden, weithin sichtbaren Kirche wurde 1937 begonnen, doch erst 1974, nach Lösung bautechnischer und finanzieller Probleme, konnten Turm und Kirchenflügel fertiggestellt werden; das Hauptschiff wurde sogar erst 1986 geweiht.

Die Architektur des Sakralbaus soll charakteristische Elemente der isländischen Landschaft widerspiegeln: die Außenfassade etwa die Basaltsäulen der Steilküste, das schneeweiße Interieur das Eis der Gletscher. Benannt ist die Kirche nach dem Pastor und Rímur-Dichter Hallgrímur Pétursson.

Wer mit dem Lift zum 73 m hohen Turm hinauffährt, hat einen fabelhaften Blick über die Stadt, an klaren Tagen bis hinüber zum schneebedeckten Snæfellsjökull (Turm und Kirche tgl. 9–17 Uhr, www.hallgrimskirkja.is).

Living Art Museum (Nylo) L

Interessante Ausstellungen isländischer Gegenwartskunst sind in diesem Museum zu sehen, das ein ehemaliges Fabrikgebäude nutzt. Es

Vor der Hallgrímskirkja steht die Staue des Amerika-Entdeckers Leifur Eiríksson

wurde 1978 gegründet, um Gegenpositionen zur etablierten isländischen Kunst formulieren zu können (Skúlagata 28, Di–So 12–17 Uhr, www.nylo.is).

Kunstmuseum Reykjavík M

Islands Landschaften bannte Jóhannes S. Kjarval (1885–1972) auf Leinwand; das Werk dieses berühmtesten Malers des Landes im 20. Jh. zeigt das Kunstmuseum Reykjavík im **Kjarvalsstaðir** (tgl. 10–17 Uhr, www.listasafnreykjavikur.is).

*Höfði N

Um die hölzerne Jugendstilvilla rankt sich eine Legende: Hier soll der Geist Móri sogar während des Gipfeltreffens zwischen Michail Gorbatschow und Ronald Reagan 1986 gespukt und die Telefonverbindungen gestört haben. Ob Móri wohl heute noch Gäste der Stadt im offiziellen Empfangshaus irritiert?

Sæbraut-Promenade

Diverse Installationen säumen die Hafenpromenade, so etwa auf einer kleinen Landzunge das stählerne, gut 15 m lange Wikingerschiff Sólfar des einheimischen Künstlers Jón Gunnar Árnasonl.

Restaurants

Humarhusið ●●●

Erst-klassig! Exzellente Fischgerichte in urigem Ambiente, sehr beliebt. Tgl. nur Dinner.

- Amtmannsstígur 1 | Tel. 561 3303
- www.humarhusid.is

Lækjarbrekka ●●–●●●

Hier genießen auch Reykjavíks Feinschmecker isländische Spezialitäten. Tgl. Lunch und Dinner.

- Bankastræti 2 | Tel. 551 4430
- www.laekjarbrekka.is

Sea Baron ●

Fischladen und kleines Restaurant direkt am Hafen. Erst-klassig! Hier gibt es die beste Hummersuppe der Stadt.

- Geirsgata 101 | Tel. 553 1500

Zahlreiche gute Cafés und Bistros findet man auf dem Laugavegur und am Austurvöllur sowie in deren Nachbarschaft.

Shopping

Kolaportið

Am Wochenende findet am ehemaligen Zollhaus ein kurioser Flohmarkt statt.

- Geirsgata und Tryggvagata 19
- Sa/So 11–17 Uhr

Spakmannsspjarir

Hier findet man ungewöhnliche Mode von isländischen Designern.

- Bankastræti 11

Eymundsson

Die Buchhandlung bietet eine gute Auswahl an Büchern über Island (meistens in Englisch).

- Austurstræti 18

Außerhalb des Zentrums

*Ásmundarsafn ⓞ

Das Ásmundur-Sveinsson-Skulpturen-Museum lohnt schon wegen des Gebäudes einen Besuch: Zwei oben gekappte Pyramidensockel aus Quadersteinen rahmen den Ausstellungstrakt, den eine Kuppel überdacht. Das futuristisch wirkende Ensemble wurde bereits 1942 konzipiert.

Der 1982 verstorbene Künstler hatte hier sein Studio. Den Skulpturengarten mit mehr als 30 seiner Werke plante Sveinsson ebenfalls selbst. Skulpturen von Ásmundur Sveinsson sind auch andernorts in Island zu sehen (Mai–Sept. tgl. 10 bis 17, Okt.–April 13–17 Uhr, www.artmuseum.is).

Laugardalur-Park
Botanischer Garten ⓟ

1929 ließ Eiríkur Hjartson im Laugardalur etwas östlich die ersten Bäume pflanzen. 1955 erwarb die Stadt das Gelände und baute es zum **Botanischen Garten** *(Grasagarður)* aus, in dem heute zahllose Pflanzen gedeihen, darunter rund 350 aus Island. Im Sommer öffnet in einem der Gewächshäuser ein Café (April bis Sept. tgl. 10–22, Okt.–März 10 bis 15 Uhr).

Laugardalslaug Q

Das größte und wohl auch schönste Schwimmbad Reykjavíks bietet ein 50-m-Becken, vier bis zu 44 °C heiße Hot Pots, mehrere Whirlpools, Dampfbad, Solarium und eine 86 m lange Wasserrutsche (Tel. 411 5100, Buslinie 14).

Perlan R

Auf dem 61 m hohen, bewaldeten Hügel Öskuhlíð, wo 135 Pflanzenarten wachsen, stehen Heißwassertanks, die rund 20 Mio. Liter speichern. Damit werden Bereiche Reykjavíks beheizt. Auf den Tanks ruht eine spiegelnde Glaskuppel, die dem markanten Gebäude seinen Namen gab: die Perle. Im Foyer der Perle stellen gelegentlich Künstler aus, das Panoramarestaurant serviert exzellente Küche. An klaren Tagen genießt man von der Aussichtsterrasse einen grandiosen Blick auf Reyjkjavik, das Meer und die Hügelkette der Mosfellsheiði (tgl. 10–22 Uhr, www.perlan.is).

Erst-klassig

Zudem zeigt das in Perlan untergebrachte moderne **Saga Museum** multimedial die wichtigsten Stationen der Geschichte Islands (April bis Sept. tägl. 10–18, Okt.–März tägl. 12–17 Uhr, www.sagamuseum.is).

Südlich von Perlan liegt bei **Nauthólsvík** Islands einziger Meeresbadestrand › **Special S. 92.**

Restaurant

Perlan ●●●

Hier werden beim Candlelight-Dinner mit Blick auf die Lichter der Stadt gern Liebesschwüre gehaucht. Tgl. Dinner.
▮ Öskjuhlið | Tel. 562 0200

Perlan mit künstlichem Geysir

Árbæjarlaug

Ein weiteres empfehlenswertes Bad – neben einem Becken mit Massagedüsen, Minigeysiren und Wasserspeiern gibt es hier eine Riesenrutsche und einen Wellnessbereich mit Dampfbad und Solarium (im Elliðaár-Tal, Fylkisvegur 110, Südost-Reykjavík, Tel. 411 5200, Buslinien 12 und 24).

**Freilichtmuseum Árbæjarsafn

Um die gleichnamige Farm aus dem Jahr 1464 wurde im Stadtteil Árbær ein Dorf mit etwa 30 Häusern, z. T. aus Torf, errichtet, wo das Leben vergangener Tage nachgestellt wird. An Sonn- und Feiertagen gibt es traditionelle Tänze, Trachten- und Handwerkvorführungen (Kistuhylur, Juni–Aug. tgl. 10–17 Uhr, sonst tgl. geführte Touren um 13 Uhr, Tel. 411 6300, www.arbaejarsafn.is).

Seltjarnarnes 2

Im westlichen Nachbarort Reykjavíks erstreckt sich ein wunderschöner Strand mit dem Leuchtturm Grótta – ein idealer Ort für Spaziergänge › S. 42.

Info

- **Tourist Information Centre**
- Adalstræti 2 | Tel. 590 1500
- www.visitreykjavik.is
- Juni–Mitte Sept. tgl. 8.30–19 Uhr, sonst Mo–Fr 9–18, Sa 9–16, So 9–14 Uhr.

Verkehr

- **Leifur Eiríksson Airport:** Hier, In Keflavík ca. 35 km südwestlich von Reykjavík, starten und landen alle internationalen Flüge (Tel. 425 0600, www.kefairport.com). Vom Flughafen fährt der **Flybus** in die Stadt (ca. 45 Min., www.re.is/flybus). Tickets gibt es an der Touristeninformation im Flughafengebäude und im Bus. Von den meisten Hotels und Gästehäusern sowie von der Jugendherberge besteht ein Busshuttle zum BSÍ-Terminal, wo der Flybus abfährt bzw. ankommt.
- **Reykjavík Airport:** Inlandsflughafen südlich der Altstadt; Anreise per Taxi oder Bus 15. (Tel. 570 3030).
- **Stadtbusse** (www.straeto.is) fahren werktags ab 7, So/Fei ab 10 Uhr bis Mitternacht alle 20–30 Min.; Sa, So Nachtbusse bis 4 Uhr. Das Netz ist relativ dicht; weit herum kommt man mit den S-Linien 1 bis 6. Große Umsteigestationen sind Hlemmur und Mjódd.
- **Fernbusse** in alle Landesteile verkehren ab BSÍ-Terminal, Vatnsmýrarvegur 10, Tel. 562 1011, www.bsi.is.
- Die **Reykjavík Tourist Card** berechtigt zur kostenfreien, unbegrenzten Benutzung der Stadtbusse und gewährt freien Eintritt in viele Museen, Thermalbäder, den Familien- und Tierpark. Die Karten gibt es z. B. bei der Tourist-Info. Sie sind erhältlich für 1, 2 oder 3 Tage (2900, 3600 oder 4200 ISK).

Hotels

Borg ●●●

Erst-klassi

Das 1930 erbaute Luxushotel im Zentrum schwelgt im Art déco – selbst die Einzelzimmer sind mit Liebe zum Detail eingerichtet.

- Pósthússtræti 11 | Tel. 551 1440
- www.hotelborg.is

Hilton Hotel Nordica ●●●

Erst-klassi

Das große Haus östlich des Zentrums ist ein schickes Designerhotel mit Gourmetrestaurant und Spa. Besonders schön sind die Zimmer mit Blick auf den Tafelberg Esja.

- Suðurlandsbraut 2 | Tel. 444 5000
- www.hiltonreykjavik.com

Holt ●●●

Etwas antiquiertes Grandhotel der Relais & Chateaux-Kette; alle Zimmer zieren Landschaftsgemälde isländischer Maler. Das Restaurant gehört zu den besten der Stadt.

- Bergstaðastræti 37 | Tel. 552 5700
- www.holt.is

Room with a view ●●–●●●

Die perfekt eingerichteten Apartments bieten Wohlfühlraum für alle. Ideal für Familien. Sehr zentrale Lage.

- Laugavegur 18 | Tel. 552 7262
- www.roomwithaview.is

Baldursbrá ●●
Eine gute Adresse: acht schöne Zimmer, Whirlpool auf der Terrasse und freundliche, deutschsprachige Betreuung.
- Laufásvegur 41 | Tel. 552 6646
- http://notendur.centrum.is/~heijfis

Butterfly ●●
Kleines Gästehaus in der Weststadt, nur im Sommer geöffnet. Kochmöglichkeit. Einfach, aber durchaus akzeptabel.
- Ranárgata 8 a | Tel. 894 1864
- www.butterfly.is

Gästehaus 101 ●●
Die Zimmer sind einfach ausgestattet, WC und Dusche befinden sich auf den Etagen. Die Atmosphäre ist freundlich und hilfsbereit; von hier sind alle Punkte der Stadt schnell zu erreichen.
- Laugavegur 101 | Tel. 562 6101
- www.iceland101.com

Capital-Inn ●–●●
Helle, einfach ausgestattete Zimmer, gute Kücheneinrichtung. Auch Schlafsackunterkunft und Fahrradverleih für Gäste.
- Suðurhlið 35 d | Tel. 588 2100
- www.capitalinn.is

Youth Hostel ●
Ganzjährig geöffnete Jugendherberge mit 160 Betten im Laugardalur-Park; zwei weitere Häuser im Zentrum. Gute Busverbindungen ins Zentrum.
- Sundlaugavegur 34 | Tel. 553 8110
- www.hostel.is

Restaurants

Gallery Restaurant ●●●
Schwere Möbel, doch herrlich leichte Gourmetküche und hervorragende Weinkarte. Hier speisen vor allem Gourmet-Touristen. Tgl. nur Dinner.
- im Hotel Holt › S. 52

Gallery Restaurant im Hotel Holt

Einar Ben ●●–●●●
Man wirbt mit Dichtung und gutem Essen, die Überraschungen werden bei der Wahl der Gewürze geboten. Im Sommer sehr beliebt bei Gruppen.
- Veltusundi 1 | Tel. 511 5090
- www.einarben.is

Tapasbarinn ●●
Angesagt bei der Jeunesse dorée: eine Mischung aus isländischer und spanischer Küche. Tgl. Lunch und Dinner.
- Vesturgata 3 b
- Tel. 551 2344
- www.tapas.is

Ítalía ●–●●
Eines der ältesten italienischen Restaurants in Reykjavík – seine Beliebtheit ist ungebrochen.
- Laugavegur 11
- Tel. 552 4630
- www.italia.is

› Karte S. 42

Grænn kostur ●
Vollwertküche. Die Gerichte können auch mitgenommen werden, daher die etwas spröde Ausstattung.
- Skólavörðustigur 8 b | Tel. 552 20 28

Shopping

- Das **Shopping-Center Smáralind** in Reykjavíks südlicher Nachbarstadt Kópavogur vereint rund 80 Geschäfte aller Branchen (Hagasmára 1, www.smaralind.is, Bus S 2, Mo–Do 11–19, Fr 11–21, Sa 11–18, So 13–18 Uhr).
- Mehr als 150 Geschäfte, Cafés und Restaurants bietet die **Kringlan Mall** (Kringlan 8–12/Listabraut, www.kringlan.is, Busse S 1, 3, 4, 6, Mo–Mi 10–18.30, Do bis 21, Fr bis 19, Sa 10 bis 18, So 13–17 Uhr).

Nightlife

Reykjavík hat ein lebhaftes Nachtleben. Zentrum ist die Altstadt, die nach ihrer Postleitzahl auch als »**101 Reykjavík**« bekannt ist.

Iðnó
Die ehemalige Spielstätte des Stadttheaters wird weiterhin für Theaterabende, Lesungen und Musikveranstaltungen genutzt. Gutes Restaurant.
- Vonarstræti 3 | Tel. 562 97 00
- www.idno.is

The Dubliner
Irlandfeeling in Island: irische Musik bei Guinness vom Fass.
- Hafnarstræti 4
- Tel. 511 3233
- www.dubliner.is

Sódóma
Livemusikclub, gelegentlich auch Auftritte von Newcomern der spannenden isländischen Musikszene.
- Tryggvagata 22 | Tel. 860 2216

Unterwegs in der Umgebung

Goldener Kreis

Mosfellsbær 3

Erst-! klassig

Hauptattraktion von Mosfellsbær ist das ehemalige Wohnhaus des Literaturnobelpreisträgers Halldór Laxness, ****Gljúfrasteinn.** Eine Multimediapräsentation informiert über Leben und Werk von Islands Nationaldichter (1902–1998), zudem sind Audioguides (auch auf Deutsch) erhältlich. Von seinem Arbeits- und Schlafzimmer genoss Laxness den schönen Blick in die Landschaft, die ihn stets inspirierte (Juni–Aug. tgl. 9–17, Sept.–Mai 10–17 Uhr, www.gljufrasteinn.is).

**Þingvellir 4

Auf den ersten Blick werden sich Besucher fragen: Was ist dran an diesem Platz 50 km östlich der Hauptstadt, außer der scharfkantigen, wie mit einer Säge aus dem Gestein geschnittenen Schlucht? Nun, abgesehen davon, dass hier isländische Geschichte geschrieben wurde, kann man in der **Allmännerschlucht** *(Almannagjá)* mit einem Bein in Europa, mit dem anderen in Ameri-

Erst-! klassig

ka stehen, denn hier befindet sich die Nahtstelle zwischen europäischer und amerikanischer Kontinentalplatte. Wie aktiv die Kontinentaldrift ist, zeigte ein Erdbeben im Jahr 1789: Binnen zehn Tagen sackte damals der Boden um ganze 67 cm ab. Heute verbreitert sich der Graben innerhalb eines Jahres um 8 mm.

Westlich der Almannagjá erkennt man am Berg die Überreste einfacher Steinbehausungen: In diesen *Buðir* wohnten wichtige Goden während der Versammlungen des AlÞings › **Seitenblick unten**.

Am östlichen Ufer des Öxará-Flusses markiert die um 1860 erbaute **þingvalla-Kirche** jenen Ort, an dem die erste isländische Kirche nach der Bekehrung zum Christentum im Jahr 1000 stand. Im Inneren sind das Altarbild des Dänen Niels Anker, die hölzerne Kanzel (1863) und ein silberner Hostienkelch (1743) zu sehen (Mitte Mai–Aug. tgl. 9–17 Uhr). In den nebenstehenden Holzhäusern wohnen der Pfarrer sowie der Direktor des 50 km^2 großen Nationalparks.

Im großen, malerischen **þingvalla-See** im Nationalpark bietet Arctic Adventures von Mai bis September Schnorcheltouren an (Tel. 562 7000, www.adventures.is).

Info

Servicezentrum þingvellir

Infos und Angellizenzen.

- An der Straße Nr. 36 (Abzweigung nach Þingvellir)
- Tel. 482 2660 | April–Okt.

SEITENBLICK

Alþing in Þingvellir

Im Frühsommer des Jahres 930 kamen erstmals die 36 Goden zusammen, freie Bauern, die zugleich die Oberhäupter der Godentümer waren, um das rechtliche Zusammenleben auf der Insel zu ordnen. Die gewaltige Schlucht, die heute den Namen Almannagjá (Allmännerschlucht) trägt, schien als Versammlungort ideal: die Felsen als Tribüne für stimmgewaltige Redner, die Ebene für das Publikum. Dem ersten Alþing folgten weitere, immer während der »zehnten Sommerwoche« (also meistens Ende Juni/Anfang Juli). Vom Lögberg aus, dem »Gesetzesfelsen«, trug der jeweils für drei Jahre gewählte Lögsögumaður, der Gesetzessprecher, die Gesetze den bis zu 5000 Zuhörern auswendig vor – und zwar jeweils zu einem Drittel, sodass er mit der rechtskräftigen Verkündung erst mit Ende seiner Amtszeit fertig war. Ein von den Goden gewähltes oberstes Gericht, die Lögrétta, fällte Urteile, die meist sofort vollstreckt wurden – Missetäter wurden als Geächtete in die Verbannung geschickt oder an Ort und Stelle hingerichtet.

332 Jahre funktionierte diese frühparlamentarische Verwaltung reibungslos, dann geriet Island zunehmend unter Fremdherrschaft. Das Alþing, das zunächst noch Gesetze erlassen konnte, verlor seine Rechtshoheit. Erst von 1843 an erlangte es Schritt um Schritt seine einstige Bedeutung wieder – diesmal allerdings nicht mehr in Þingvellir, sondern in Reykjavík.

Multimedia-Informationszentrum
Multimediale Ausstellung zur Geschichte und Natur des Nationalparks (Eintritt frei).

- Oberhalb der Almannagjá
- www.thingvellir.is
- Tgl. 9–17 Uhr.

*Laugarvatn 5

Umgeben von den einsamen und kargen Lavafeldern des Gjábakkahraun und Kahraun liegt der »See der warmen Quellen« mit dem gleichnamigen kleinen Ort.

Erst-! klassig

Die interessantesten Museen

- Das **Kunstmuseum** im Hafnarhús (Hafenhaus) in Reykjavík zeigt u. a. die Werke des von Surrealismus und Pop Art beeinflussten isländischen Künstlers Erró. › **S. 46**
- Das ehemalige Wohnhaus von Halldór Laxness, **Gljúfrasteinn,** ist heute ein Museum. › **S. 54**
- Das **Seefahrts- und Heimatmuseum** in Garðskagi bietet eine beachtliche, liebevoll gestaltete Sammlung von Motoren. › **S. 61**
- Das einzigartige **Heringsmuseum** in Siglufjörður ist ein Hit: Es präsentiert anschaulich die Bedeutung von Heringsfang und -verarbeitung in früheren Zeiten. › **S. 96**
- »Steinreich« ist Petra Sveinsdóttirs bunte und fröhliche **Mineraliensammlung** in Stöðvarfjörður mit Funden aus der Gegend. › **S. 106**
- Wenn man nur ein einziges volkskundliches Museum in Island besuchen kann, ist das **Skógasafn** in Skógar die allererste Wahl. › **S. 116**

An einer der Quellen namens Vígðalaug wurde der Sage nach 1550 der in Skálholt hingerichtete beliebte Bischof Jón Arason vor seiner Bestattung reingewaschen.

Im Sommer erreicht der See durchaus angenehme Badetemperaturen: Heiße Quellen und die Sonne heizen ihn dann auf bis zu 20 °C auf.

Oder haben Sie Lust auf einen Spabesuch? In der Nähe des Sees lädt **Fontana** zum Verweilen ein mit warmen Badebecken und einem Dampfbad. Kleine Snacks und Sonnenbad inklusive (Tel. 486 1400, www.fontana.is).

Hotel

Edda-Hótel ÍKÍ ●●
Sommerhotel, manche Zimmer mit Seeblick, gutes Restaurant und Sportmöglichkeiten (Schwimmen, Golf).

- Tel. 444 4820
- www.hoteledda.is

Camping

Laugarvatn
Komfortabler, sehr gepflegter und empfehlenswerter Platz mit guter Anbindung. Mitte Mai–Mitte Sept. geöffnet.

- Tel. 771 6869
- www.tjalda.is/en/laugarvatn

Restaurant

Lindin ●●
Für ländliche Verhältnisse erstaunlich gute Fisch- und Lammgerichte. Probieren Sie die frische Räucherforelle oder die Fischsuppe nach Art des Hauses. April–Sept. tgl. 11.30–22 Uhr.

- Laugarvatn
- Tel. 486 1262
- www.laugarvatn.is

Haukadalur

Das Thermalfeld namens »Habichtstal« ist vor allem für seine Geysire berühmt. Sehenswert sind auch die vielen Kalksinterbecken mit bläulich schimmerndem Wasser sowie Fumarolen und Schlammtöpfen.

*Geysir (Stóri Geysir) 6

Er gab allen Springquellen der Welt den Namen: der Stóri oder Große Geysir am Fuß des Laugarfjall. Seit einem starken Erdbeben im Juni 2000 macht der Stóri Geysir nach fast 100-jähriger Pause wieder Versuche zu sprühen. Doch meist schafft er nur wenige Meter; vorbei sind die Zeiten, als die Fontäne über 60 m hoch stieg.

2 **Strokkur

Dafür erfreut der nur 100 m entfernte kleine Nachbar Strokkur (»Butterfass«) verlässlich die meist in Scharen versammelten Touristen mit hohen Fontänen. Etwas weiter westlich hat man von einem Aussichtspunkt einen tollen Blick über das Hochtemperaturgebiet (vulkanische Zone, in der über 150 °C heißes Wasser austritt) – und nachmittags, bei Sonne, das beste Fotolicht.

Info

Geysir Center

Hier kann man 3-D-Animationen von Vulkanausbrüchen, berstenden Gletschern und anderen Naturereignissen sowie eindrucksvolle Fotos ansehen.

- über Hótel Geysir
- Tel. 480 6800
- www.geysircenter.is
- Im Sommer tgl. 9–22 Uhr.

Steigt bis zu 20 m in die Höhe: die Fontäne des Strokkur

Hotel

Hótel Geysir ●●●

Das Hotel im Blockhausstil mit Pool und rustikalen Zimmern oder Blockhütten sowie Restaurant bietet seinen Gästen die seltene Chance, die beliebten Geysire morgens in Einsamkeit zu erleben.

- Tel. 480 6800
- www.geysircenter.is

**Gullfoss 7 3

Besonders schön präsentiert sich dieser großartige Wasserfall in den Abendstunden, wenn die tief stehende Sonne die feine Gischt aus den Kaskaden in jenes goldfarbene Licht taucht, das dem Spektakel den Namen gab. Vom unteren Parkplatz führt ein glitschiger Weg bis an die Kante des kleinen Canyons – man sollte sich wasserfest kleiden und auch Foto- oder Videokamera vor

› Karte S. 42

Der Gulfoss rauscht über zwei Felsstufen in die Tiefe

der kalten Dusche schützen. Die Hvítá, ein Gletscherfluss des Langjökull, rauscht zunächst über eine 11 m hohe Gesteinstreppe, ehe das Wasser an einem zweiten Vorsprung weitere 21 m hinabstürzt.

Skálholt 8

Über 700 Jahre lang hatte der Bischofssitz (südlich von Laugarvatn an der Str. 31) enorme Bedeutung für Island und seine Geschichte. Zerstörungen durch ein Erdbeben 1785 bewogen die Geistlichkeit schließlich, nach Reykjavík umzuziehen. Die moderne Kirche erinnert an die glorreiche Zeit. In der Krypta der 1963 geweihten Domkirche, die am Ort der früheren Kirchen steht, liegen die Gebeine der Bischöfe von Skálholt. Während der Sommermonate finden stimmungsvolle Konzerte statt (Tel. 866 4600, www.sumartonleikar.is).

*Hveragerði 9

Lava, nichts als öde Lava – ausgerechnet hier, gute 30 Autominuten von Reykjavík, soll sich eines der Gartenbauzentren Islands befinden? Das Hochtemperaturgebiet Hengill rings um die Stadt (2310 Einw.) lässt kaum darauf schließen, dass hier auf mehr als 18 ha Fläche bunte Topfpflanzen und Gemüse wie saftige Gurken oder Tomaten angebaut werden, man sogar unter Palmen sitzen kann und Landwirtschaftsschüler aus ganz Skandinavien in der staatlichen Gartenbauschule unterrichtet werden.

Dank der geologischen Besonderheit Islands können zahllose Gewächshäuser im Ort mit heißem Dampf aus zwei 350 m tiefen Bohrlöchern versorgt werden. Natürlich muss der Natur im dunklen Winter mit Infrarotlicht nachgeholfen werden. Die Pflanzen gedeihen auf einer Mischung aus Lehm, Torf und vulkanischer Asche. Nach Hveragerði kommen viele Hauptstädter, um sich mit Blumen, Obst und Gemüse einzudecken ebenso wie zum Golfspielen oder Angeln.

Erst-klassig

Schnupper-Ritte auf echten Island-Pferden oder Reiterferien ermöglicht der Reiterhof **Elðhestar** etwas südlich von Hveragerði (Vellir, Tel. 480 4800, www.eldhestar.is).

Info

FerðaÞjónusta Suðurlands

- Sunnumörk 2–4 (Einkaufszentrum)
- Tel. 483 4601 | www.south.is
- Im Sommer Mo–Fr 9–17, Sa 10–14, im Winter Mo–Fr 9–16.30 Uhr.

Hotels

Hótel Örk ●●●

Das große Hotel mit 85 Doppelzimmern bietet Golf- und Tennisplätze. Business-Zimmer, Restaurant.

- Breiðamörk 1c | Tel. 483 4700
- www.hotel-ork.is

Frumskógar ●●–●●●

Nettes Gästehaus; einfache Zimmer und schicke Apartments für 2–4 Personen.

- Frumskógar 3 | Tel. 896 2780
- www.frumskogar.is

Restaurant

Kjöt & Kúnst ●–●●

Abwechslungsreich und gut. Man bedient sich vom Buffet und lässt den Teller dann wiegen. Gekocht wird mit dem Dampf der heißen Quellen.

- Breiðamörk 21 | Tel. 483 5010
- www.kjotogkunst.is

Reykjanes-Halbinsel

*Hafnarfjörður 10

Die drittgrößte Stadt Islands (26 000 Einw.) schmückt sich mit einem attraktiven Ortsbild, dem Wikingererbe – und Elfen. Letztere sollen im Park **Hellisgerði** in der Stadtmitte leben. Tatsächlich wirken die Kontraste von Blumenrabatten und verwunschenen Niedrigbäumen inmitten erkalteter Lavablasen bizarr. Führungen zu den Elfen › **Special S. 18.**

Hafnarfjörður blickt auf eine interessante Geschichte zurück, rund 200 Jahre lang befand sich hier der Haupthafen der Hanse in Island. In den Gebäuden des **Heimat- und Schifffahrtsmuseums** wird die Historie lebendig präsentiert: **Sívertsens-Hús** ist das ehemalige Wohnhaus des Händlers Bjarni Sívertsen (1760 bis 1833), der als Vater der Stadt gilt (Vesturgata 6, tgl. 11–17 Uhr).

Auch das **Geschichtsmuseum** (Sjóminjasafn Íslands, Vesturgata 8, tgl. 11–17 Uhr) sowie das **Arbeiterwohnhaus Siggubær** (Kirkjuvegur 10, Sa/So 11–17 Uhr) vom Beginn des 20. Jhs. gehören zum Museum.

Zurück in die Zeit der Landnahme reist man im Wikingerdorf **Fjörukráin.** Seine schwarzen Holzgebäude zieren Drachenköpfe. Zum Komplex gehören ein Kulturhaus, das Wikingerlokal **Fjorugarðurinn** (tgl. ab 18 Uhr, ●–●●●) und ein Hotel › **S. 60.** Für Gruppen kann eine Wikingerentführung organisiert werden, den Entführten wird dann in der Höhle ein besonderes Programm geboten (zwischen 18 und 20.30 Uhr).

Info

Tourist Information

Broschüre in Englisch unter »Take a break«. Mo–Fr 8–16 Uhr, im Sommer im Museum.

- Strandgata 6
- Tel. 585 5500
- www.hafnarfjordur.is

Hotels

Hótel Viking ●●●

Erst-! klassig

Wohnen mit Wikinger-Charme – 42 moderne lichte Zimmer, die mit ihrer Einrichtung die Wikingerkultur thematisieren. Restaurant, Hot Pot und Wikingerhütten als Unterkunft.

- Strandgata 55
- Tel. 565 1213
- www.vikingvillage.is

Lava Hostel ● und **Hafnarfjörður Camping**

Moderne größere Unterkunft und guter Campingplatz (Mitte Mai–Mitte Sept.).

- Hjallabraut 51
- Tel. 565 0900
- www.lavahostel.is

Restaurants

Gamla Vínhúsið ●●–●●●

Sehr gute isländische Küche, Pizza und Pfannkuchen in einem urigen Haus aus dem 18. Jh., einem der ältesten in der Stadt. Mo–Fr ab 12, Sa/So ab 18 Uhr.

- Vesturgata 4 | Tel. 565 1130
- www.gamlavinhusid.is

Súfistinn ●

Café im ältesten Steinhaus des Ortes mit leckeren Gerichten (auch vegetarisch) und Kuchen. Mo–Do 8–23.30, Fr 9–23.30, Sa/So ab 10/13 Uhr.

- Strandgata 9

Shopping

Fjörður

Das kleine Einkaufszentrum führt Bekleidung sowie diverse Outdoor- und Sportartikel. Ein Pluspunkt sind die gemütlichen Espressobars.

- Fjarðargata 13–15

Festival

Alljährlich im Juni gibt es beim **Hafnarfjörður-Festival** Darbietungen der Wikinger, wie Schwertkämpfe oder Reiterspiele, daneben klassische Konzerte, Kino- und Theateraufführungen.

Keflavík 11

Zusammen mit seinen Nachbarorten Njarðvík und Hafnir bildet Keflavík die Gemeinde Reykjanesbær. Lange verband man Keflavík vor allem mit der dort stationierten US-Airbase, die 2006 aufgegeben wurde. Westlich des Orts befindet sich der internationale Flughafen von Reykjavík.

Aufgrund der guten Lage ist der Ort schon seit dem 16. Jh. ein wichtiger Hafen. Entlang der Küste gibt es schöne Spazierwege, reizvoll sind die Basalthöhlen im alten Hafenbereich **Grófin.**

In Njarðvík befindet sich ein altes Grassodenhaus, **Stekkjarkot** (Mi bis So 13–17 Uhr). Nicht weit entfernt entstand ein großes **Museum** für das **Wikingerschiff »Íslendingur«** (»der Isländer«), Thema sind u.a. die beeindruckenden Fahrten vor rund 1000 Jahren zwischen Norwegen und Kanada. Das Schiff ist ein exakter Nachbau des Wikingerbootes »Gokstad« und wurde von Gunnar Eggertsson, der ein direkter Nachfahre Leifur Eiríkssons sein soll, geschaffen. Es segelte im Jahr 2000 von Island aus nach Grönland, Kanada und in die USA, bevor es schließlich in Keflavík einen festen Hafen fand (Víkingabraut 1, tgl. 11–18 Uhr, 1000 ISK).

Restaurants

Kaffi Duus ●●

Die vielfältigen Fischgerichte und der Hafenblick lohnen den Besuch.

▮ Duusgata 10 | Tel. 421 7080

▮ www.duus.is

Kaffitár ●

Ein Café mit kleinen Gerichten in Islands Kaffeerösterei; auch sehr schöner Laden.

▮ Stapabraut 7 | Tel. 420 2700

Garður 12 und Sandgerði 13

Der kleine ehemalige Fischerort **Garður** besitzt zwei Leuchttürme, die an der Landspitze ****Garðskagi** stehen. Dort bietet sich ein herrlicher Blick über die Bucht Faxaflói. Erst-! klassig Der jüngere Leuchtturm von 1944 ist mit seinen 28 m der höchste des Landes. Lohnend ist ein Besuch des ****Seefahrts- und Heimatmuseums,** wo neben einer beachtlichen Motorensammlung Erst-! klassig auch alte Gebrauchsgegenstände wie Radios oder Kühlschränke zu sehen sind (tgl. 13–17 Uhr).

Nichts erinnert heute mehr in dem kleinen **Sandgerði** an seine frühere Bedeutung als dänischer Handelsplatz. Am Ortseingang steht eine Skulptur mit dem Namen »Verzauberung«. Das **Naturhistorische Zentrum** gibt Aufschluss über die Verbindung zwischen Mensch und Natur, vor allem in Hinblick auf das Meer und seine Lebewesen (Mo–Fr 9–17, Sa/So 13–17 Uhr).

Leuchtturm an Grindavíks Küste

Restaurant

Café Flösin ●

Neben den selbst gemachten Kuchen und Suppen gibt es einen tollen Ausblick von der Terrasse.

▮ Garður | Tel. 422 7214

Grindavík 14

Schon die frühen Siedler ließen sich hier nieder, im Mittelalter war der Ort ein wichtiger Handelsplatz. Heute verfügt Grindavík über einen der bedeutendsten Häfen. Das **Salzfischmuseum** informiert über die Geschichte der Salzfischherstellung (Mitte Mai bis Mitte Sept. tgl. 10 bis 17 Uhr). Grindavík ist zudem guter Ausgangspunkt für Wanderungen, so z. B. auf den 243 m hohen Tuffberg **Þorbjarnafell.**

Restaurant

Salthúsið ●●

Die Spezialität des Hauses ist Salzfisch. Erst-! klassig

Aber auch Gerichte mit Lamm sind im Angebot.

▮ Stamphólsvegur 2 | Tel. 426 9700

▮ www.salthusid.is

› Karte S. 42

Die Blaue Lagune zählt zu den Besuchermagneten Islands

4

**Blaue Lagune 15

Spätestens kurz vor dem Heimflug wird ein Besuch in Islands berühmtestem und teuerstem Badesee auf dem Programm stehen, der nicht weit vom internationalen Flughafen entfernt liegt.

Ein Geothermalkraftwerk nutzt die örtlichen Thermalquellen zur Energieerzeugung und speist dann das heiße Wasser in die moderne Anlage der *Bláa Lónið*. Zu jeder Jahreszeit kann man im großen Außenbecken im gut 40 °C warmen Nass, das Mineralsalze, Kieselerde und Algen enthält, baden oder sich mit Schönheitsanwendungen verwöhnen lassen › **Special S. 93**.

Hotel

Blue Lagoon Clinic ●●●

Nur fünf Gehminuten von der Lagune entfernt bietet die Kurklinik auch für Nicht-Kurgäste gemütlich eingerichtete Zimmer an.

- Tel. 420 8900
- www.bluelagoon.com

*Hafnarberg 16

Der Vogelfelsen zählt zu den größten seiner Art in ganz Island und ist wohl nur darum nicht so bekannt wie z. B. Látrabjarg in den Westfjorden › **S. 76**, weil man ihn nur mit einer 40-minütigen Wanderung erreichen kann (von Kalmanstjörn südlich von Hafnir aus). Hier erlebt man im Sommer das Geflatter und Gewusel Zehntausender Papageitaucher, Eissturmvögel, Lummen, Möwen und anderer Vögel.

Brücke zwischen den Kontinenten 17

Von einem Parkplatz an der Straße Nr. 425 geht man zu der 18 m langen Brücke aus Holz und Stahl. Sie überspannt den Graben zwischen der eurasischen und der nordamerikanischen Kontinentalplatte, der sich von hier bis Öxarfjörður im Nordosten zieht.

Viel heißes Wasser sprudelt aus der Deildartunguhver-Quelle bei Reykholt

Westen

Das Beste!

- **Eine Münze in die Snorralaug werfen** – das soll Glück bringen oder zumindest einen Wunsch erfüllen › S. 70
- **Noch mehr Wunscherfüllung:** Besteigen Sie schweigend den Helgafell bei Stykkishólmur, ohne dabei nach links und rechts oder nach hinten zu blicken › S. 74
- **Bei Búðir am Strand spazieren gehen,** die Weite und die helle rötliche Färbung des Sandes bewundern › S. 73
- **Sich zu den Papageitauchern am Látrabjarg setzen** und ein tolles Tierfoto schießen › S. 76

› Karte S. 66

Wild, einsam und abwechslungsreich, mit Gletschern, Lavafeldern, Wasserfällen und Vogelfelsen, zeigt sich der Westen Islands mit der Halbinsel Snæfellsnes und dem Gebiet der Westfjorde.

In Islands Westen hat man das Gefühl, sich stets an der schmalen Grenze zwischen Zivilisation und ungezähmter, einsamer Wildnis zu bewegen. Obwohl die Westfjorde immerhin 10 % der Landesfläche einnehmen, wohnen gerade 4 % aller Isländer dort.

Die Region erstreckt sich im Süden von Akranes am Hvalfjörður bis in den Norden zum Hornbjarg im abgelegenen Hornstrandir. Im Osten reicht sie ins Hochland mit den Gletschern Langjökull und Eiríksjökull, im Westen umfasst sie die Halbinsel Snæfellsnes und das Gebiet Westfjorde. Die Landschaft ist ungemein abwechslungsreich mit grünen Wiesen, grauen Lavafeldern, Gletschern und den vielleicht schönsten Wasserfällen Islands, Hraunfossar und Dynjandi.

Noch heute ist die Fischerei der wichtigste Wirtschaftszweig in den Westfjorden und auf Snæfellsnes, auch wenn die meisten Orte ihre frühere Bedeutung längst verloren haben. Schöne, helle Strände laden zu Spaziergängen ein, immer wieder gibt es Gelegenheit, mit der überwältigenden Natur ganz allein zu sein.

Touren in der Region

Tour 7 Zwischen Hvalfjörður und Húsafell

Tour-Übersicht:

Verlauf: **(Reykjavík › Mosfellsbær ›) Hvalfjörður › Reykholt › Húsafell › Borgarnes**

Dauer: 3 Tage

Praktische Hinweise:

- Für diese Tour braucht man einen Pkw, Busverbindungen gibt es nur nach Borgarnes und Reykholt.

Tour-Start:

Etwa 17 km nördlich von Reykjavík erreicht man zunächst Mosfellsbær › S. 54 und bald darauf den **Hvalfjörður,** Islands tiefsten Fjord. Seit ihn ein Tunnel unterquert, geht es auf der ehemaligen Ringstraße um den 30 km langen Fjord recht ruhig zu, sodass man gemütlich steile Berge und hübsche Wasserfälle besichtigen kann. Am östlichen Endpunkt des Fjords kann man vom Parkplatz am Fluss Botnsá zum ****Glymur** wandern, dem höchsten Wasserfall Islands (ca. 4 Std. hin und zurück). In **Miðsandur** gab es einen Stützpunkt der US-Navy, danach eine Walfangstation. An der Nordseite des Fjords in **Saurbær** liegt ein alter Pfarrhof, in dem der Dichter Hallgrímur Pétursson tätig war. In der Kirche (1957) sind schöne Glasfenster zu sehen.

Kurz vor Saurbær zweigt die Straße 520 ab, die an Seen mit etlichen Sommerhäusern vorbeiführt. Nach rund 25 km stößt sie auf die Nr. 50, von der es nach weiteren 14 km auf der Nr. 518 nach Reykholt geht. Knapp einen Kilometer hinter dem Abzweig, in Richtung Borgarnes, sprudelt die **Deildartunguhver,** die ergiebigste heiße Quelle der Welt. In **Reykholt** › **S. 70** kann man übernachten und am nächsten Tag das Snorri-Museum ansehen. Nachmittags geht es dann weiter in den Erholungsort **Húsafell** › **S. 70,** wo man übernachtet und anderntags die Lavahöhlen besichtigt. Schließlich führt der Weg nach **Borgarnes** › **S. 69,** um den Spuren des Sagahelden Egill zu folgen.

Tour 8 Auf der Halbinsel Snæfellsnes

Tour-Übersicht:

Verlauf: Borgarnes › Búðir › Snæfellsjökull-Nationalpark › Hellissandur › Stykkishólmur

Dauer: 2–3 Tage

Praktische Hinweise:

- Diese Tour ist auch per Linienbus gut zu meistern.

Tour-Start:

Auf der Südseite der Halbinsel verläuft die Straße 54 von **Borgarnes** › **S. 69** aus zunächst durch eine Moorlandschaft: Die Mýrar-Ebene ist ein sehr wasserreiches einstiges Gletschergebiet, das von Stichstraßen durchzogen wird, die alle zum Meer führen. Wenn nach kurzer Fahrt der 112 m hohe, symmetrisch geformte Ringwallkrater **Eldborg** am Horizont auftaucht, ist die Halbinsel Snæfellsnes erreicht.

Hinter der Brücke über den Fluss Haffjarðará zweigt rechter Hand die kleine, gut befahrbare Piste 567 ab. Nach ca. 1 km erreicht man nahe des Hofs **Gerðuberg** eine Basaltwand, die aus zahllosen sechseckigen Säulen in unterschiedlicher Größe besteht. Ca. 5 km weiter nördlich rauschen mehrere Wasserfälle und ein kleiner Bach. Ein Pfosten markiert die **Rauðamelsölkelda,** eine der größten mineralischen Heilquellen Islands.

Beim Hof **Ytri-Tunga** führt eine kleine Piste zum Meer hinab, wo sich oft Seehunde sonnen. Nördlich von Lýsuvatn liegt der Reiterhof **Lýsuhóll.** Wer sich anmeldet, kann dort in einem Schwimmbad in temperiertem Sodawasseraus einer nahen Quelle baden (auch Ferienhäuser, Tel. 435 6716, www.lysuholl.is).

Erst 15 km vor **Búðir** › **S. 73** nähert sich die Straße wieder der Küste. Hier sind die Sandstrände hell, für Island eher ungewöhnlich. In den kleinen Orten **Arnarstapi** › **S. 72** oder **Hellnar** kann man eine Pause für einen Imbiss einlegen, bevor man in den kleinen Nationalpark

ATLANTISCHER
OZEAN
Hælavíkurbjarg
Hornbjarg
Aðalvík
Sæból
Hesteyri
Ísafjarðardjúp
22
Bolungarvík
Suðureyri
Ísafjörður
21
9
61
Þverfell
676
Unaðsdalur
60
Þingeyri
20
Hrafnseyri
19
Dynjandi
Selárdalur
18
Bíldudalur
Fjallfoss
Patreks-
fjörður
15
63
Örlygshöfn
Hvallatur
Breiðavík
420
16
Hnjótur
Reykjafjörður
Brjánslækur
14
60
17
Látrabjarg
62
Flatey
Breiðafjörður
Stykkishólmur
12
11
Hnjótur
Bjarnarhöfn
Hellissandur
7
10
Ólafsvík
8
Grundarfjörður
Snæfellsnes
6
Snæfells-
jökull
1448
54
9
Búðir
Ytri-Tunga
Dritvík
Söng-
hellir
Arnastapi
Djúpalónssandur
Hellnar
Malarrif
Faxaflói
0
30 km
N

mit dem Gletscher ****Snæfellsjökull** › **S. 71** gelangt. Hier bieten sich immer wieder Abstecher an die Buchten an, wie z.B. nach **Dritvík.** Von **Hellissandur** › **S. 72** aus empfehlen sich schöne Wanderungen auf und am Gletscher, dafür sollte man zwei Nächte im Ort bleiben. Wer nicht wandern möchte, fährt schon am nächsten Morgen weiter entlang der Nordseite der Halbinsel. Unterwegs lohnen sich Pausen z.B. in **Ólafsvík** › **S. 74** oder dem hübsch gelegenen Ort **Grundafjörður.**

Für den direkten Weg nach Stykkishólmur bleibt man auf der Nr. 54, doch kurz hinter Hraunsfjörður lohnt noch ein besonderer Abstecher: Rechts zweigt eine durchaus Pkw-taugliche Piste durch das Lavafeld **Berserkjahraun** ab. Die graugrüne, moosbewachsene Lava hat die bizarrsten Formen gebildet. Die Piste mündet in die Straße Nr. 56, die wieder zur 54 führt. Von ihr zweigt die 58 nach Norden ab; nach 10 km ist **Stykkishólmur** › **S. 74** erreicht.

Touren im Westen

Tour 7

Zwischen Hvalfjörður und Húsafell

Mosfellsbær › Hvalfjörður › Reykholt › Húsafell › Borgarnes

Tour 8

Auf der Halbinsel Snæfellsnes

Borgarnes › Búðir › Snæfellsjökull-Nationalpark › Hellissandur › Stykkishólmur

Tour 9

Durch die Westfjorde

Stykkishólmur › (Dalir ›) Brjánslækur › Látrabjarg › Dynjandi › Ísafjörður

Tour 9 Durch die Westfjorde

Tour-Übersicht:

Verlauf: **Stykkishólmur › (Dalir ›) Brjánslækur › Látrabjarg › Dynjandi › Ísafjörður**

Dauer: 3 Tage

Praktische Hinweise:

- Entlang der südlichen Strecke der Westfjorde gibt es keine Orte; man sollte vorher einkaufen und im Sommer die Unterkünfte vorab reservieren, da sie manchmal ausgebucht sind.
- Für die kurvenreichen Küsten- und Bergstraßen benötigt man sehr viel mehr Zeit, als der Blick auf die Landkarte vielleicht vermuten lässt.
- Man kann auch nach Ísafjörður fliegen, sich dort einen Wagen mieten und die Tour in umgekehrter Reihenfolge fahren; dann spart man sich die Anreise von Reykjavík und kann sich ganz auf die Westregion konzentrieren.

Tour-Start:

Von **Stykkishólmur** › **S. 74** gibt es zwei Möglichkeiten, nach Brjánslækur zu gelangen: Etwa 2,5 Stunden ist man mit der Fähre unterwegs › **S. 75**. Die Schärenwelt des ***Breiðafjörður** › **S. 75**, die man bei der Fährfahrt durchkreuzt, ist ein wichtiges Brutgebiet von Seevögeln, z. B. Krähenscharben oder Kormoranen; auf der Insel **Flatey** › **S. 75**, die seit 1975 teilweise unter Naturschutz steht, nisten auch Alpenstrandläufer.

Deutlich länger dauert die Autofahrt auf der Straße 60 durch die Region Dalir nördlich von **Eiríkstaðir** › **S. 75**. Man sieht viel von der Fjordlandschaft, aber die Strecke zieht sich gewaltig, denn einige Stücke sind Schotterstraße. Kurz vor Brjánslækur verlässt man die Nr. 60 und folgt der Nr. 62. Übernachtet wird im Fährhafen **Brjánslækur** › **S. 75** oder in **Patreksfjörður** › **S. 76**.

Für die schöne Fahrt bis nach ****Látrabjarg** › **S. 76** – ab dem Fjord Patreksfjörður folgt man der Nr. 612 – sollte man einen ganzen Tag einplanen. Vom Gästehaus am Wasserfall fährt man am nächsten Tag weiter durch die Orte der Umgebung und genießt die Fahrt – hoch auf die Plateaus und anschließend wieder hinunter in die Fjorde. Ein Muss ist der Stopp am ****Dynjandi** › **S. 76**, dem höchsten und größten Wasserfall der Westfjorde. Aus der Ferne kann man seine Fächerform besonders gut erkennen. Über **Þingeyri** geht es nun nach **Ísafjörður** › **S. 77**, wo man sich von dem langen Fahrtag erholen kann und am nächsten Tag den gut erhaltenen historischen Stadtkern zu Fuß erkundet.

Wichtige Adressen

Westfjords Tourism Office

- Markaðsstofa Ferðamála
- Aðalstræti 7 | 400 Isafjörður
- Tel. 450 8060 | www.westfjords.is

West Iceland Marketing

- Tourist Information Centre
- Hyrnan | Borgarbraut 58–60
- 310 Borgarnes | Tel. 437 2214
- www.westisland.is

Unterwegs im Westen

Akranes 1

Zementfabrikation und Fischereiwirtschaft – diese Erwerbszweige bilden das wirtschaftliche Rückgrat der Stadt (6700 Einw.), die zwei irische Mönche um 880 gegründet haben sollen.

Das sehenswerte **Lokalmuseum** zeigt ein buntes Sammelsurium: historische Klassenzimmer, Fotos der Stadt aus dem Jahr 1898, zwei restaurierte Oldtimer, eine Nachbildung des Fischerboots »Sæunn« von 1874 und den restaurierten, 1885 in England gebauten Segelkutter »Sigufari« (Garðagrund, Juni bis Aug. tgl. 10–17, sonst 13–17 Uhr, www.museum.is).

Als erstes isländisches Betongebäude entstand 1872–1882 das Pfarrhaus in der Skólabraut.

Info

- **Tourist Information**
- Suðurgata 57 | Tel. 433 1065
- www.visitakranes.is
- Mo–Fr 10–17, Sa 10–16, So 12–16 Uhr

Hotel

Hótel Glymur ●●●

Erst-! klassig

Schon die Lage mit Blick über den Hvalfjörður von der Nordseite lohnt den Aufenthalt. Auch die geschmackvollen Zimmer und Aufenthaltsräume, z. B. eine Bibliothek, verlocken dazu, hier länger als eine Nacht zu bleiben. Sehr gutes Restaurant.

- Nordseite des Hvalfjörður
- Tel. 430 3100 | www.hotelglymur.is

Borgarnes 2

Die lebendige Stadt (1700 Einw.) am Borgarfjörður fand Erwähnung in der »Egils saga«, deshalb sind viele Straßen nach Personen aus dieser Erzählung benannt. Digranes heißt der Ort in der Saga, die das Leben des Skalden-Dichters Egill Skallagrímsson beschrieb, der 900 auf dem Hof Borg bei Borgarnes geboren wurde. Im Park **Skallagrímsgarður** ragt ein Grabhügel auf – hier wurde Egils Vater nach Wikingerart in voller Rüstung mit seinem Pferd beigesetzt. **Landnámssetur** (Besiedlungszentrum) heißt das sehr informative und gut gestaltete Museum mit Ausstellungen zur Besiedlung und der Egils saga (Brákarbraut 13–15, Tel. 437 1600, tgl. 10–21 Uhr, www.landnam.is).

Sommerliches Borgarnes

Info

Tourist Information

- Borgarbraut 58–60 | Tel. 437 2214
- www.westisland.is
- Juni–Aug. Mo–Fr 9–18, Sa 10–16, So 12–16, Sept.–Mai Mo–Fr 10–18 Uhr.

Unterkunft

Borgarnes B & B ●●

Wunderschöne Villa direkt am Meer und doch zentral. Geschmackvoll ausgestattet, Frühstück wird angeboten.

- Skúlagata 21
- Tel. 434 1566 und 842 5866
- www.borgarnesbb.is

Restaurant

Restaurant Borgarnes ●●

Sehr gutes Restaurant des gleichnamigen Hotels (●●●). Delikates mit Fisch, Lamm und Geflügel. Tgl. ab 12 Uhr.

- Egilsgata 12–16 | Tel. 437 1119
- www.hotelborgarnes.is

Hyrnan ●

Für jeden Hunger und fast zu jeder Zeit kommt man als Fast-Food-Freund hier auf seine Kosten. Es gibt auch mittags Tagesgerichte. Tgl. 11–22 Uhr.

- Brúartorg | Tel. 430 55 55

Reykholt 3

Hier wohnte von etwa 1200 an kein Geringerer als Snorri Sturlurson, Verfasser der »Prosa-Edda« und der »Heimskringla«, der Geschichte der norwegischen Könige. Gleich zweimal hatte er das damals wichtigste Staatsamt des Gesetzessprechers auf dem Alþing in Þingvellir inne. Gefolgsleute des norwegischen Königs ermordeten Snorri 1241.

Über Snorri und sein Werk informiert das Museum **Snorrastofa** (› **Info unten**). Berühmt ist auch sein von Steinen eingefasster Badeplatz, der **Snorralaug.** Im Juli findet in der charmanten modernen **Kirche** von Reykholt ein Klassik-Musikfestival statt (www.reykholtshatid.is).

Info

Tourist Info und Museum Snorrastofa

- Tel. 433 8000 | www.snorrastofa.is
- im Sommer tgl. 10–18, im Winter Mo–Fr 10–17 Uhr.

Hotel

Fosshótel Reykholt ●●●

Große Zimmer, nordisch angehaucht. Hot Pots und einige Wellness-Angebote. Großes Restaurant im Haus.

- Tel. 435 1260 | www.fosshotel.is

**Hraunfossar 4

Zu den schönsten Wasserfällen Islands gehören die Hraunfossar an der Straße 518 › **Special S. 121**. Im September, wenn die Vegetation in den Herbstfarben leuchtet, sind die Kaskaden am reizvollsten.

Daneben ergießt sich der mehrstufige Wasserfall **Barnafoss.** Sein Name »Kinderwasserfall« bezieht sich auf einen Vorfall vor langer Zeit, bei dem zwei Jungen hier ertrunken sein sollen.

Húsafell 5

In diesem Erholungsort, in dem viele Reykjavíker ein Wochenendhäuschen besitzen, wartet ein besonderes Abenteuer: die Expedition zu den **Lavahöhlen** Surtshellir, Stefánshellir und Viðgelmir. Die zwischen 1,6 und 1,9 km langen und 5 bis 10 m hohen Kavernen entstanden, als ein rasch fließender Lavastrom eine erkaltende Hülle zurückließ, unter der sich das flüssige Erdinnere weiter bewegte. Im Sommer kann man eine Höhlenbesichtigung bei der Tourist Info buchen.

Info

Húsafell Tourist Info
Auch Vermietung von Ferienhäusern, Schlafsackunterkünften und Campingplätzen, Reitausflüge und Tourenangebote, z. B. zur Stefánshellir.
- Tel. 435 1550
- www.husafell.is

Unterkunft

Gamli bær (Altes Farmhaus) ●●
Das 1908 erbaute Haus wird seit der Renovierung 1996 als Gästehaus genutzt. Fünf Doppelzimmer und ein Hot Pot.
- Buchung über die örtliche Touristeninformation › **oben**.

**Halbinsel Snæfellsnes

Dank ihrer Vielfalt auf engem Raum zählt Snæfellsnes zu den schönsten Landschaften Islands mit verwunschenen Lavahöhlen und heißen Quellen, Vogelkolonien, goldfarbenen Sandstränden, rostroten oder ockergelben Rhyolithfelsen. Der südliche und westliche Teil, das Snæfellsbær, hat nur rund 1700 Einwohner.

Der Hraunfossar im Reykholtsdalur

**Snæfellsjökull-Nationalpark 6

5

Hauptanziehungspunkt der Halbinsel ist der Nationalpark mit dem Gletscher **Snæfellsjökull**, zugleich einer der schönsten Vulkane des Landes. Man sagt dem Berg und seiner Umgebung energetische Kräfte nach › **Seitenblick S. 73.**

Nicht weniger reizvoll ist die Westküste mit Stränden, an denen man Zeugnisse vergangener Tage findet, als hier intensiv Fischerei betrieben wurde. Der Leuchtturm von **Malarrif** markiert den südlichsten Punkt der Halbinsel, recht nahe im Osten liegen die wenig bekannten Vogelfelsen von **Þúfubjörg** mit Möwen- und Lummen-Kolonien. Im nördlichen Teil des Nationalparks führt die Straße durch das Lavafeld Neshraun.

Info

Besucherzentrum
Führungen, Informationen, Karten.
- Hellnar | Tel. 436 6888
- www.ust.is
- 20. Mai–10. Sept. tgl. 10–17 Uhr.

Der 1446 m hohe Snæfellsjökull bietet einen majestätischen Anblick

Hellissandur 7

Hellissandur war um 1700 ein bedeutender Handelsplatz; einige Exponate in dem liebevoll gestalteten **Fischereimuseum** zeugen davon (Tel. 436 6619, im Sommer Di–So 9.30 bis 18 Uhr). Heute ist der kleine Ort ein ideales Standquartier für die Erkundung des Nationalparks.

Hotel

Hotel Hellissandur ●●●
Komfortabel ausgestattet, organisiert Touren in den Park, mit Restaurant.

- Klettsbúð 9 | Tel. 430 8600
- www.hotelhellissandur.is

Arnarstapi 8

Am Hafen der Siedlung »Adlerfelsen« hat das Meer die malerischen, fast senkrecht abfallenden und mehr als 20 m hohen Klippen zu bizarren Figuren geformt. Die fast 6 m hohe Lavastein-Skulptur *Bárður Snæfellsás* von Ragnar Kjartansson erinnert an den sagenhaften Riesen Bárður Snæfellsás.

Ab Arnarstapi werden Fahrten mit der Schneekatze auf den Snæfellsjökull angeboten – während der hellen Nächte im Juni erlebt man den kurzen Sonnenuntergang bei einer Mitternachtsfahrt (Snjófell, Tel. 435 6783, www.snjofell.is, auch geführte Wanderungen).

Erst-/klassig

Sehenswert ist auch die **Sönghellir,** erreichbar mit Allradwagen über die Piste Jökulsháls (F 570, › **S. 73**). Die »Gesangshöhle« überrascht mit einer hervorragenden Akustik sowie mit in den Fels geritzten Figuren und Buchstaben aus den vergangenen 500 Jahren. Die einstige Wasserhöhle Baðstofa am Weiler Hellnar ist leider bis auf einen Basaltbogen eingestürzt.

Hotel

Gästehaus Gíslabær ●
Einfaches Haus in Panoramalage, mit Schlafsackunterkünften.

- südwestlich in Hellnar
- Tel. 435 6886 oder 867 7903
- gisting@simnet.is

Restaurant

Café Fjöruhúsið ●
Nette Adresse für Snacks und Kuchen. Im Sommer tgl. 11–22 Uhr.

- Tel. 435 6844

**Snæfellsjökull-Piste F 570

Mit einem Allradfahrzeug kann man ca. 1 km nördlich von Arnarstapi die Piste F 570 *(Kýrskarðvegur* zum Jökulsháls) nach Ólafsvík › S. 74 befahren, die bis dicht an den Gletscherrand auf eine Höhe von fast 700 m führt. An klaren Tagen bieten sich tolle Ausblicke über die Halbinsel, den Breiðarfjörður und zum Vogelfelsen Látrabjarg an den Westfjorden.

Erst-klassig

Búðir 9

Der Strand von Búðir, einst einer der schönsten Islands mit warmem, rotgelbem Muschelsand, hat leider etwas unter Abtragung durch Stürme gelitten.

Erlebenswert ist das Lavafeld Búðahraun wegen der rund 40 m langen, bizarr aufgewölbten Lavahöhle Búðahellir und wegen seltener Pflanzen, darunter bis zu 3 m große Farne.

Hotel

Hotel Búðir ●●●
Das nach einem schweren Brand neu errichtete Hotel bietet 28 geschmackvoll gestaltete Zimmer und ein berühmtes

SEITENBLICK

Der Snæfellsjökull – ein Zauberberg?

Esoteriker vermuten in ihm eines der wichtigsten der sieben Kräftezentren (Chakren) der Erde, an dem sich viele Energiebahnen treffen. Schon in den Sagas wurde geschrieben, dass alle, die den Berg einmal gesehen haben, wieder zu ihm zurückkehren. Jules Vernes Helden reisen durch den Krater des »Sneffels Yocul« zum Mittelpunkt der Erde, und in gleich zwei Romanen von Halldór Laxness, »Am Gletscher« und »Weltlicht«, ist der Berg Schauplatz. Viele Bewohner der Snæfellsnes-Halbinsel glauben, dass auf seinem Gipfel mehrere Hundert Meter hohe Lichtgestalten wohnen.

Ist der Snæfellsjökull also ein magischer Berg? Klar ist: Nicht von ungefähr wurde ein 167 km^2 großes Gebiet rund um den Gletscher im Juni 2001 zum Nationalpark erklärt. Natürlich geht es dabei um schützenswerte Flora und Fauna. Doch auch der Berg selbst zieht jeden in seinen Bann – und dies liegt, wie vor allem rational denkende Psychologen betonen, insbesondere an der ausgewogenen, harmonischen und zugleich faszinierenden Kegelform, die dem Snæfellsjökull eine besondere Ausstrahlung gibt. Dass viele Reisende vom Snæfellsjökull begeistert sind, hat also nichts mit Magie zu tun – sondern mit der Schönheit des Berges.

Feinschmecker-Restaurant. Hier übernachtet auch der isländische Präsident.

- Tel. 435 6700
- www.budir.is

Ólafsvík 10

Schon im 17. Jh., als die Dänen über Island herrschten, befand sich hier, wo heute ca. 1000 Menschen wohnen, ein Handelsstützpunkt. Aus der Mitte des 19. Jhs. hat sich das historische Packhaus erhalten, das ein sehenswertes **Heimatmuseum** mit vielen Fakten über die Ortsgeschichte sowie die Touristen-Info birgt. Zudem wartet Ólafsvík mit Schwimmbad und Golfplatz auf.

Erst-klassig

Grandiose Ausblicke

- Von der Terrasse des Reykjavíker Wahrzeichens **Perlan** auf einem kleinen Hügel sieht man an klaren Tagen den Snæfellsjökull und in klaren Nächten ein Lichtermeer. › **S. 51**
- Die Landspitze **Garðskagi** eröffnet einen weiten Blick über die Bucht Faxaflói. › **S. 61**
- Auf der Fahrt entlang der **Jeeppiste F 570** kann man über die gesamte Halbinsel Snæfellsnes bis zu den Westfjorden schauen. › **S. 73**
- Der Aussichtsberg **Tindastóll** bietet einen Rundumblick über die Skagi-Halbinsel. › **S. 98**
- Kein Turm, kein Berg, sondern eine weite Hochebene: Im **Sprengisandur** hat man freien Blick auf die großen Gletscher Islands. › **S. 133**
- Auf dem 1682 m hohen Tafelberg **Herðubreið** liegt Wanderern das Hochland zu Füßen. › **S. 134**

Info

Tourist Info

- Kirjutún 2 | Tel. 436 6930
- Sommer tgl. 8–18 Uhr.

Hotel

Hótel Ólafsvík ●●●

Freundlich eingerichtete Zimmer mit und ohne Bad, außerdem voll ausgestattete Apartments für Selbstversorger.

- Ólafsbraut 20 | Tel. 436 1650
- http://hringhotels.is/hotel-olafsvik

Bjarnarhöfn 11

Hier steht eine der ältesten Holzkirchen Islands (1856) mit einem sehr schönen Altargemälde. Auf dem Bauernhof, der Ursprung der Siedlung war, kann man nachvollziehen, wie *Hákarl* produziert wird, fermentierter Haifisch, der früher zur Gärung in Erde eingegraben wurde (Tel. 438 1581, www.bjarnarhofn.is).

Stykkishólmur 12

Südlich des Fährhafens zu den Westfjorden erhebt sich der 73 m hohe heilige Berg **Helgafell**, den der frühe Siedler Þórólfur Mostrarskegg als Platz für einen Thor-Tempel gewählt hatte. Eine Legende besagt, man müsse den Berg besteigen, ohne nach links oder rechts zu sehen, sich dann schweigend gegen Osten neigen und seine Wünsche so vortragen, dass sie niemand sonst hört – dann gehen sie in Erfüllung.

Sehenswert in dem hübschen Ort selbst (1100 Einw.) ist das 1828 gebaute Norwegische Haus, errichtet mit hölzernen Fertigbauteilen aus Norwegen. Heute beheimatet es ein **Volkskundemuseum,** das vor allem das Leben im 19. Jh. zeigt (Juni bis Mitte Sept. tgl. 12–17 Uhr).

Info

Tourist Information

- Golf Klubhaus (am Zeltplatz)
- Aðalgata 29 | Tel. 433 8120
- www.stykkisholmur.is
- Sommer tgl. 8–22 Uhr.

Verkehr

Von Stykkishólmur nach Brjánslækur tgl. um 9 und um 15.30 Uhr mit der Autofähre »Baldur« (Fahrzeit ca. 2,5 Std.), Reservierungen unter Tel. 433 2254 oder im **Fährbüro Baldur,** Smiðjustígur 3 am Hafen, www.seatours.is.

Unterkünfte

Hótel Stykkishólmur ●●●

Großes Haus mit gutem Restaurant, Zimmer teils mit Meerblick.

- Borgarbraut 8
- Tel. 430 2100
- www.hringhotels.is

Heimagisting Ölmu ●●

Englischsprachiger Familienanschluss im B & B.

- Sundabakki 12 | Tel. 438 1435
- www.simnet.is/almdie

Stykkishólmur Camping Ground

Gepflegter Campingplatz mit naher Einkaufsmöglichkeit.

- Aðalgata 29 | Tel. 438 1075

Restaurant

Fimm Fiskar ●●–●●●

Fisch vom Feinsten genießt man auch auf der schönen Außenterrasse. Nur im Sommer, tgl. 12–21.30 Uhr.

- Frúarstígur 1 | Tel. 436 1600

Ausflug nach Eiríksstaðir 13

Im Tal Haukadalur an der Straße Nr. 586 stand einst der Hof von Erik dem Roten. In einem nachgebauten Torfhaus mit Grassodendach wird die Geschichte des Wikingers und seines Sohnes Leifur Eiríksson spannend dargestellt.

Leifur Eiríksson, der als Entdecker Nordamerikas gilt, wurde im 10. Jh. in diesem Tal geboren. Neben dem Hof werden in einem Wikingerzelt Erfrischungen und Souvenirs verkauft (im Sommer tgl. 9–18 Uhr, www.leif.is).

Westfjorde

Flatey

Das Inselchen, das man auf der Fährfahrt durch den ***Breiðafjörður** als Zwischenstopp besuchen kann, wirkt mit seinen alten, bunten Häusern aus dem 19. Jh., als sei hier die Zeit stehen geblieben. Gerne wird der Ort auch als Filmlocation gewählt. Die schöne Wanderung einmal rundherum dauert nur 2 Std. Autos dürfen nicht auf die Insel!

Hotel

Hótel Flatey ●●●

Charmantes Hotel mit schönem Ausblick über Insel und Atlantik, mit Restaurant.

- im Dorfzentrum
- Tel. 422 7610 | www.hotelflatey.is

Brjánslækur 14

Nahe dem Fährhafen liegen die Ruinen von **Flókatóttir,** angeblich die Ruinen der ersten Unterkunft von Flóki Vílgerðarson › **S. 28.**

› Karte S. 66

Hotel

Flókalundur ●●●
Schön gelegenes Hotel im Bungalowstil, Campingplatz in der Nähe. Geöffnet Ende Mai–Ende Sept.
- 6 km nördlich von Brjánslækur
- Tel. 456 2011 | www.flokalundur.is

Patreksfjörður 15

Eigentlich besteht der Ort (600 Einw.) aus zwei Gemeinden, die sich auf die beiden Halbinseln Vatnseyri und Geirseyri verteilen und bis zum Ende des 19. Jhs. nicht nur getrennt waren, sondern auch die Namen der beiden Halbinseln trugen. Man vereinte die Dörfer zu einer Gemeinde und benannte sie, in Anlehnung an die ersten irisch-keltischen Siedler, nach dem irischen Nationalheiligen St. Patrick.

Hotel

Stekkaból ●
Sehr beliebtes Gästehaus, mit 21 Zimmern eines der größeren am Ort; Gelegenheit zum Kochen und Wäsche waschen.
- Stekkar 14 + 19 | Tel. 864 9675
- stekkabol@snerpa.is

Restaurant

Þordið ●
Großes Restaurant und Pub. Gute Fisch- und Fleischgerichte, außerdem auch Fast Food.
- Aðalstræti 73 | Tel. 456 1295
- So–Do 11–23, Fr/Sa 11–3 Uhr.

Hnjótur 16

Hier lohnt das nette kleine Privatmuseum **Minjasafn Egils Ólafssonar** mit Sammlungen zum Fischfang, zur Schifffahrt und sogar zur Luftfahrt einen Besuch (Tel. 456 1511, im Sommer tgl. 10–18 Uhr).

**Látrabjarg 17

Der westlichste Punkt Europas ist zugleich einer der schönsten und spektakulärsten Vogelfelsen Islands. Bis zu 450 m stürzen die harschen Klippen hier in die Tiefe; die Küstenlinie ist mehr als 14 km lang. Die größte Tordalkenkolonie der Welt hat sich hier eingenistet; schätzungsweise 5 Mio. Trottellummen bewohnen den Felsen, zudem Hunderttausende von Papageitauchern und Möwen aller Gattungen. Ein schrilles Konzert der Vogelstimmen verfolgt Besucher auf Schritt und Tritt – ein Highlight ganz sicher nicht nur für Hobby-Ornithologen.

Hotel

Breiðavík ●–●●●
Gut ausgestattetes Gästehaus mit Hotelzimmern, Schlafsackunterkünften und Zeltplatz. Nahe eines schönen Strandes.
- Tel. 455 1575 | www.breidavik.is

Bíldudalur 18

In dem hübsch gelegenen Örtchen (170 Einw.) gibt es noch einige schöne Handelshäuser aus dem 18. und 19. Jh. zu sehen – von diesem einst quirligen Handelsstützpunkt lief das allererste Dampfschiff Islands aus.

**Dynjandi 19

Schon die Anfahrt über die Hochebene **Dynjandisheiði** ist ein Erlebnis, doch dann erst recht der Anblick des höchsten und größten

Wasserfalls der Westfjorde. »Der Donnernde« ist ein treffender Name für die 186 m tief fallenden Wassermassen, die sich wunderschön fächerförmig ausbreiten.

Hrafnseyri 20

Der Ort am Arnarfjördur, Geburtsplatz des Unabhängigkeitskämpfers Jón Sigurdsson, ist heute eine Gedenkstätte mit einer schönen Landkirche und einem Giebelhaus (Tel. 456 8260, Ausstellung Juni–Aug. tgl. 11–18 Uhr, www.hrafnseyri.is).

Nicht nur Papageitaucher bevölkern die Klippen von Látrabjarg

Ísafjörður 21

Einer der besten Naturhäfen ganz Islands ließ die lebendige Stadt (2900 Einw.) zum Versorgungs- und Verwaltungszentrum für die gesamte Westfjord-Region aufsteigen.

Schon 1569 kamen die ersten Kaufleute hierher; geblieben ist aus dieser Zeit der gut erhaltene historische Stadtkern. Das älteste Haus Islands, *Tjöruhús,* stammt aus dem Jahr 1734. Gemeinsam mit dem angrenzenden *Krambuð,* einem ehemaligen Laden von 1761, sowie dem 1744 erbauten *Turnhús* steht es inzwischen unter Denkmalschutz.

Das in der Häusergruppe untergebrachte **Schifffahrts- und Fischereimuseum** der Westfjorde, *Neðstikaupstaður,* dokumentiert auf beeindruckende Weise die harten

SEITENBLICK

Vogelkolonien von oben nach unten

Selbst Unkundigen wird am Látrabjarg auffallen, dass Möwen oder Papageitaucher ihre Nester in ganz bestimmten Höhen angelegt haben und die Reviere der jeweils anderen Arten respektvoll meiden.

In der Tat ist ein solcher Vogelfelsen nicht wahllos, sondern nach einer festen Ordnung aufgebaut. So benötigen Mantel- und Silbermöwen zum Brüten grasbedeckte Hochflächen, weswegen sie in der obersten Etage nisten. Papageitaucher graben dagegen lange Bruthöhlen in die Erde – das ideale Gelände finden sie ein Stockwerk unter den Möwen. Es folgen die Eissturmvögel, die Tordalken und Trotellummen – vor allem die beiden Letztgenannten können beim Landeanflug schlecht manövrieren und sind so auf breite Felsvorsprünge angewiesen. Ganz unten logieren die Dreizehenmöwen und die Gryllteisten, die es so nicht weit zu den Fischgründen im Meer haben.

Fischereimuseum in Ísafjörður

Arbeits- und Lebensbedingungen der Fischer und präsentiert eine Akkordeon-Sammlung (Suðurtangi 1, Tel. 456 3291, Mitte Mai–Mitte Sept. tgl. 9–18 Uhr).

Info

Tourist Information

- Aðalstræti 7 | Tel. 450 8060
- www.vestfirdir.is
- www.isafjordur.is
- Juni–Mitte Sept. Mo–Fr 8.15–18, Sa/So 11–14 Uhr.

Verkehr

- **Flughafen Ísafjörður:** Erreichbar ab Stadtmitte mit den Bussen der Valdeimar L. Gíslason. Täglich Linienflüge nach Reykjavík und Akureyri (Air Iceland, Tel. 570 3000).
- Wer in das Trekkinggebiet Hornstrandir › **rechts** reisen möchte, muss sich in der Touristeninformation oder bei **Sjóferðir,** Tel. 456 3879, www.sjoferdir.is, nach den Schiffsverbindungen erkundigen.

Hotel

Gistiheimili Áslaugar ●–●●

Gästehaus mit Tradition: Seit 1889 nächtigen hier Besucher. Eine kleine Fotoausstellung zeigt das Leben zwischen 1900 und 1940.

- Austurvegur 7 | Tel. 899 0742
- gistias@snerpa.is

Restaurant

Við Pollinn ●●–●●●

Recht gute Fischküche und Lammgerichte. Tgl. mittags ab 11.30, abends ab 18.30 Uhr.

- im Hótel Ísafjörður | Silfurtorg 2
- Tel. 456 3360
- www.hotelisafjordur.is

Ausflug nach Bolungarvík 22

Den Alltag der Fischer an den Westfjorden bis zum Beginn des 20. Jhs. kann man im hübschen **Ósvör-Museum** in Bolungarvík kennenlernen: Es handelt sich um eine nachgebaute Fangstation mit Lagerhaus, Fischerhütten und Trockengestellen (Tel. 892 5744 oder 456 7005, www.osvor.is, Juni–Aug. tgl. 9–17 Uhr sind auch Führungen möglich).

Hornstrandir 23

Ísafjörður ist Ausgangspunkt für Trekkingtouren in die ausgedehnte Wildnis von Hornstrandir, die unbewohnte subpolare Landschaft der nördlichen Westfjorde. Das 580 km^2 große Hornstrandir ist seit 1975 Naturschutzgebiet. Ein besonders attraktives Ziel ist **Hornbjarg** mit den beeindruckenden Vogelfelsen. Hornstrandir ist bei Wanderern ganzjährig beliebt, da auch gute Langlaufstrecken vorhanden sind.

Auch wer nicht wandern möchte, muss auf das Erlebnis Hornstrandir nicht verzichten. Eine Bootstour inklusive eines sechsstündigen Aufenthalts bei Hornbjarg vermittelt einen guten Eindruck von der Region (Fahrten über Sjóferðir › **S. 78**). Man kann die Vögel in den steilen, 400 bis 500 m hohen Klippen beobachten, und nicht selten trifft man hier auch auf Füchse.

Fjorde südöstlich von Ísafjörður

Sechs lange Fjorde werden von einer kurvenreichen Straße erschlossen, die an der ehemaligen Walfangstation **Súðavík** vorbeiführt und teils herrliche Ausblicke auf den großen **Ísafjarðardjúp** und auf die noch bewohnte Insel **Ædey** bietet: Ædey ist berühmt für seine Eiderenten-Kolonie, die hier vor Füchsen sicher ist.

Reykjanes 24

Das Ferienzentrum Reykjanes liegt auf der gleichnamigen Landzunge. Dort kann man sich im 50 m langen, geothermisch beheizten Schwimmbad erfrischen oder zu einer kleinen Wanderung in die Umgebung aufbrechen.

Hotel

Reykjanes ●●

Schlichtes Hotel, das auch Hostelunterbringung in der Schule des Ortes anbietet. Gutes Restaurant.

- Straße 634 | Tel. 456 4844
- www.rnes.is

Hólmavík 25

Seher oder Kräuterkundler und Menschen mit vermeintlich übernatürlichen Fähigkeiten waren im 17. Jh. vor der blutigen Hexenverfolgung, die im restlichen Island 21 Menschen das Leben kostete, in die einsamen Westfjorde geflüchtet.

Kein Wunder, dass Hólmavík (400 Einw.) Sitz des einzigen ***Hexenmuseums** Islands ist. Es versammelt Totenschädel und allerlei magische Utensilien und Mittelchen *(Galdrasðning á Ströndum,* Höfðagata 8–10, tgl. 9–18 Uhr, Tel. 451 3525, www.galdrasyning.is).

Info

Tourist Information

- Versammlungshaus | Höfðagata 8
- Tel. 451 3111
- www.holmavik.is/info
- Sommer tgl. 9–1h Uhr.

Hotel

Snartartunga ●

Bauernhof mit einfachen Gästezimmern. Die freundlichen Wirtsleute servieren sehr gutes Frühstück und bieten auch schöne Reittouren in die Umgebung an.

- Straður | nahe der Straße 68 (ca. 60 km südlich von Hólmavík)
- Tel. 451 3362
- snartatunga@bigfoot.com

Restaurant

Café Riis ●–●●

Snacks und leckerer Milchkaffee, Treffpunkt nahe dem Hexenmuseum in einem alten Holzhaus.

- Hafnarbraut 39
- Tel. 451 3567
- Tgl. ab 11.30 Uhr.

Akureyri und der Norden

Das Beste!

- Ein Essen im Restaurant Strikið in Akureyri mit wunderbarem Blick von der Terrasse › S. 88
- Ein Spaziergang über die Pseudokrater am Mývatn in der Mitternachtssonne › S. 90
- Ein Bad in den Mývatn Nature Baths: noch mehr Lava und Landschaft als in der berühmten Blauen Lagune › S. 91
- Sich nass spritzen lassen beim Blick auf den beeindruckenden Wasserfall Dettifoss › S. 95
- Die Robben an der Küste von Vatnsnes – wer beobachtet hier eigentlich wen? › S. 100
- Ein Bummel in Hólar auf den Spuren der Geschichte des Ortes › S. 97

Bekannteste Attraktion im Norden ist die faszinierende Lavawelt rund um den See Mývatn. Húsavík hat sich weitgehend dem Thema Wale verschrieben, und als Hauptstadt des Inselnordens bietet Akureyri einige interessante Sehenswürdigkeiten.

Grüne Hügel und lang gezogene Fjorde, die schneebedeckte Berge umrahmen, aber auch fruchtbare Ebenen, darin eingestreut wie Farbkleckse Gehöfte oder Siedlungen – all das ist der Norden Islands. Dazu zählen auch die beeindruckende Lavawelt am Mývatn und Wasserfälle wie der Dettifoss. Die Hauptstadt des Nordens ist Akureyri, das sich selbstbewusst »Perle des Nordens« nennt. Interessant ist auch das historische Erbe, sei es in Siglufjörður, wo Islands Heringsboom seinen Anfang nahm, oder in Hólar, dem früheren zweiten Bischofssitz.

Touren in der Region

Tour 10 Rund um die Vatnsnes-Halbinsel

Tour-Übersicht:

Verlauf: **Hvammstangi › Hvítserkur › Borgarvirki › Þingeyrar › Blönduós**

Dauer: 1 Tag

Praktische Hinweise:

- Verpflegung bekommt man nur in den Orten. Für die Tour braucht man einen Pkw.

Tour-Start:

Diese Region zählt zu den grünen Landstrichen Islands mit großflächigen Weiden, Moorlandschaften und einer reizvollen Küste, die gute Möglichkeiten zur Beobachtung von Vögeln und Robben bietet. In **Hvammstangi** › S. 100 kann man sich über die Bedeutung der Robben für die Wirtschaft in früheren Zeiten informieren; entlang der Westküste der Halbinsel Vatnsnes gibt es einige gute Beobachtungsstellen.

Die Fahrt geht entlang der Straße 711 vorbei an markanten Basaltbergen. An der Ostseite fährt man an dem Rest eines Zentralvulkans vorbei: Die bizarre Basaltformation **Hvítserkur** › S. 100 ist ein bei Vögeln äußerst beliebter Felsen.

Borgarvirki, ein natürlicher Basaltring mit 3 bis 5 m hohen Säulen, ist von der Straße aus gut zu erkennen. Von hier hat man einen guten Blick über das Haff Vesturhóp.

Nach rund 80 km auf der Halbinsel-Straße gelangt man wieder auf die Ringstraße. Unübersehbar ragt in östlicher Richtung eine große

Das Torfhofmuseum Glaumbær

Steinkirche auf, die man über die Nr. 721 erreicht. Die Kirche von **Þingeyrar** wurde im 19. Jh. gebaut, davor befand sich hier zunächst ein Thingplatz und im 12. Jh. ein Kloster. Sehr schön ist der Innenraum mit seinem Sternenhimmel (Juni bis Aug. tgl. 10–17 Uhr).

Zurück auf der Ringstraße sind es dann noch rund 20 km bis **Blönduós** › S. 100.

Tour 11 Vom Skagafjörður nach Akureyri

Tour-Übersicht:

Verlauf: **Blönduós › Glaumbær › Sauðárkrókur › Hólar › Hofsós › Siglufjörður › Ólafsfjörður › Dalvík › Akureyri**

Dauer: mindestens 3 Tage

Praktische Hinweise:

- Am einfachsten lässt sich diese Tour mit dem Pkw gestalten.
- Bei guter Planung ist sie jedoch auch mit dem Bus machbar: Es gibt einige Verbindungen, z. B. zwischen Varmahlíð und Sauðárkrókur oder von dort nach Siglufjörður.

Tour-Start:

Der besondere Reiz an dieser Fahrt sind neben den großen Fjorden Skagarfjörður und Eyjafjörður und der Berglandschaft von Tröllaskagi, die zwischen den beiden Fjorden liegt, die zahlreichen historischen Stätten. Schon die erste Station etwa 55 km hinter **Blönduós** › S. 100, der alte Hof **Glaumbær** › S. 99 (heute ****Museum**), hat eine lange Traditi-

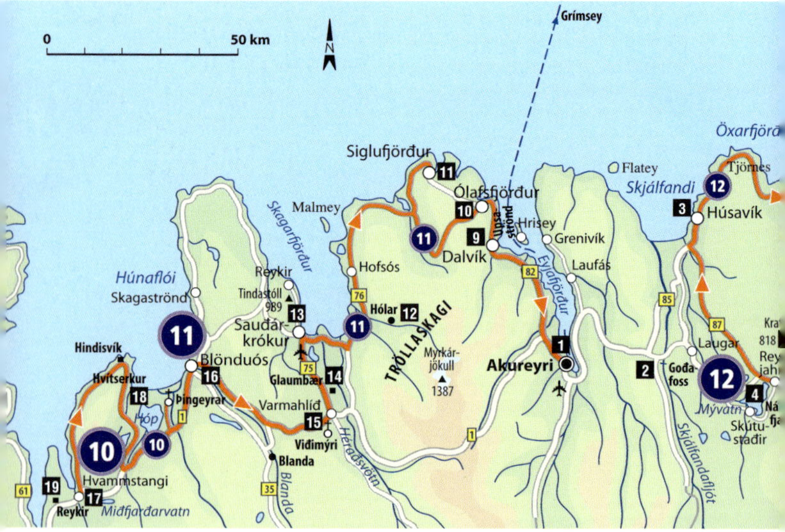

on. Im Mittelalter stand hier schon ein Langhaus, und um das Jahr 1000 lebte hier die wohl bedeutendste Frau der damaligen Zeit, Guðríður Þorbjarnardóttir. Eine kleine Skulptur erinnert an sie. Den Hof erreicht man nach 8 km über die Nr. 75.

Sauðárkrókur › S. 98 lohnt wegen seiner zahlreichen alten Häuser aus dem 19. Jh. einen Stopp; damals lag hier ein wichtiger Hafen. Weiter geht es auf der Straße Nr. 75 in Richtung Osten, dann nach Norden auf der Nr. 76 bis zum Abzweig Nr. 767, der zum ehemaligen Bischofssitz **Hólar** › S. 97 führt. Hier kann man übernachten, die Kirche oder das Aquarium besichtigen und die Umgebung erkunden.

Zurück auf der Nr. 76 gelangt man nach rund 15 km nach **Hofsós,** wo sich ein interessantes Museum über die isländischen Auswanderer im 19. Jh. befindet. Immerhin 16 000 Isländer machten sich in die neue Welt auf, in der Hoffnung, dort ein besseres Leben zu finden.

Ca. 60 km fährt man nun entlang der Küste, und je weiter man nach Norden gelangt, umso dramatischer wird die Landschaft und umso enger schmiegt sich die Straße an die steilen Bergwände, bis sie schließlich durch einen Tunnel führt. Der Anblick des von den steil aufragenden Bergen umgebenen **Siglufjörður** › S. 96 ist beeindruckend; der Ort lohnt einen ausgiebigen Stopp.

Weiter geht es zunächst wieder die Nr. 76 zurück bis zu dem Abzweig Nr. 82. Auch wenn die kürzere Strecke zwischen Siglufjörður und Ólafsfjörður durch zwei Tunnel führt, so ist diese 38 km lange Fahrt über den 400 m hohen Bergpass doch ausgesprochen reizvoll. **Ólafs-**

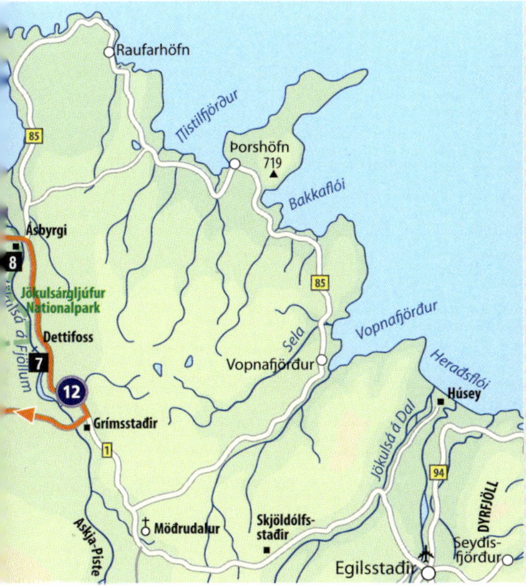

Touren im Norden

Tour 10

Rund um die Vatnsnes-Halbinsel Hvammstangi › Hvítserkur › Borgarvirki › Þingeyrar › Blönduós

Tour 11

Vom Skagafjörður nach Akureyri Blönduós › Glaumbær › Sauðárkrókur › Hólar › Hofsós › Siglufjörður › Ólafsfjörður › Dalvík › Akureyri

Tour 12

Wale und Wasserfälle Mývatn › Húsavík › Tjörnes › Ásbyrgi › Dettifoss › Mývatn

fjörður › S. 96 ist ein guter Übernachtungsstopp.

Am nächsten Tag verläuft die Tour auf der Straße 82 die ***Steilküste Upsaströnd** entlang, vorbei an verlassenen Bauernhöfen. Unterwegs begeistern immer wieder die tollen Ausblicke auf den Eyjafjörður und die Insel Hrísey.

In **Dalvík** › S. 95 legt man einen weiteren Stopp ein, entweder für Besichtigungen oder um die guten Krabben zu essen.

Fast den gesamten Eyjafjörður fährt man danach ab, bis man schließlich, die letzten Kilometer wieder auf der Ringstraße, ***Akureyri** › S. 85 erreicht. Der »Perle des Nordens« und ihrer Umgebung sollte man einige Tage widmen.

Tour 12 Wale und Wasserfälle

Tour-Übersicht:

Verlauf: **Mývatn › Húsavík › Tjörnes › Ásbyrgi › Dettifoss › Mývatn**

Dauer: 1 Tag

Praktische Hinweise:

- Diese Tour lässt sich sowohl mit dem Pkw als auch per Bus machen (http://english.sba.is).
- Wer sehr früh losfährt, kann in Húsavík einen ca. dreistündigen Whalewatching-Ausflug in den Tag integrieren (mehrere Anbieter, erste Fahrten ab ca. 9 Uhr).
- Alternativ kann man auch in Húsavík übernachten und am nächsten Tag das Walmuseum besuchen.

Tour-Start:

Die Straße Nr. 87 vom *****Mývatn** › S. 90 zur Bucht Skjálfandi führt durch ein landwirtschaftlich genutztes Gebiet, begünstigt durch die dort vorkommenden warmen Quellen. **Húsavík** › S. 90, Islands Walhauptstadt mit Museum und Beobachtungsfahrten, ist ein Pflichtstopp. Von Húsavík fährt man auf der Straße Nr. 85 um die Halbinsel **Tjörnes,** in deren Sandsteinklippen Fossilien eingeschlossen sind.

Von **Ásbyrgi** › S. 94 erstreckt sich der **Nationalpark Jökulsárgljúfur** › S. 94 nach Süden bis zum Dettifoss. Um die hufeisenförmige ****Schlucht Ásbyrgi** › S. 94 ranken sich viele Geschichten, und heute bieten die bis zu 100 m aufragenden Steilwände einem kleinen Wald Schutz. (Von Ásbyrgi führt eine schöne zweitägige Wanderung zum Dettifoss, durch den Canyon Jökulsárgljúfur.)

Nun hat man die Wahl: Auf der Straße Nr. 864 gelangt man zur Ostseite des 44 m hohen Wasserfalls ****Dettifoss** › S. 95, auf der Nr. 862 zur Westseite. Der Blick ist von beiden Ufern beeindruckend, an der Westseite kommt man jedoch noch näher an die Wassermassen heran.

Weiter südlich stößt man wieder auf die Ringstraße, die einen zurück an den Mývatn bringt.

Wichtige Adressen

- Den Norden vertritt **Northiceland,** Skipagata 9, 600 Akureyri, Tel. 462 3300, www.nordurland.is.
- Nordwestisland präsentiert sich – sogar deutschsprachig – auf der Website www.northwest.is.

Unterwegs im Norden

*Akureyri 1

Nur 95 km trennen die quirlige Kleinstadt vom Polarkreis. Und dennoch scheint Akureyri begünstigt, denn im Schutz der umliegenden hohen Berge ist das Wetter vor allem im Sommer oft wärmer und auch freundlicher als in Reykjavík. Gute Einkaufsmöglichkeiten und viele Sehenswürdigkeiten machen die Stadt (18 800 Einw.) zu einem wichtigen Touristenzentrum an der Ringstraße, und die abwechslungsreiche Landschaft ringsum erhöht noch den Reiz. Oft ziert Schnee die bis zu 1400 m hohen Berge, und wenn die Sonne auf die malerischen Villen strahlt, versteht man, warum Akureyri »Perle des Nordens« heißt.

Schon im 9. Jh. erkannte Helgi der Magere die günstigen klimatischen Bedingungen am Eyjafjörður, der hier gute 50 km ins Land hineinreicht. Bald entwickelte sich die kleine Siedlung Kristnes, rund 10 km südlich der heutigen Stadt. Der eigentliche Aufschwung kam um 1786, als die Dänen hier eine Handelsniederlassung gründeten. Ihr Erbe sind die vielen liebevoll gehegten Hausgärten. Der Handelsort erhielt 1787 die Stadtrechte, ab Ende des 19. Jhs. siedelten sich nach der Aufhebung der Handelsrestriktionen Industrie und Gewerbe an. Seit 1987 gibt es eine erfolgreiche Universität, und noch vor Reykjavík erhielt die Stadt ein großes Konzert- und Kulturzentrum, »Hof«, direkt am Hafen gelegen.

Akureyrarkirkja A

Die Innenstadt wird überragt von der doppeltürmigen, 1939–1940 erbauten Stadtkirche auf einem Hügel, zu dem 112 Stufen hinaufführen. Die Fassade erinnert an die

Beliebtes Café in der Innenstadt von Akureyri: das Bláa Kannan

› Karte S. 86

Hallgrímskirche › **S. 49**, und in der Tat standen auch hier die Basaltsäulen der isländischen Steilküsten Pate – Architekt Gudjón Samúelsson wollte Heimatverbundenheit ausdrücken. Die Kirchenfenster zeigen Szenen aus der isländischen Kirchengeschichte. Bei den Gottesdiensten erklingt die erste in Island gebaute Orgel mit 3200 Pfeifen (Juni–Aug. 10–19, Fr 10–16, So 18–20 Uhr, www.akirkja.is).

Kaupvangsstræti B

Die interessanteste Straße Akureyris bietet gute Adressen für Aus-

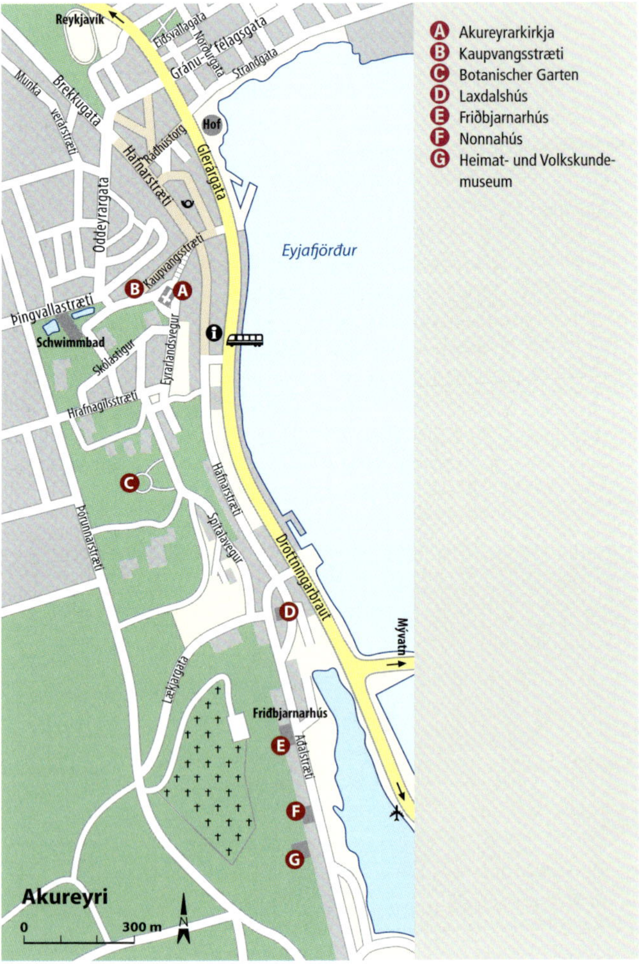

stellungen und Kulturevents, so das **Listagil Arts Centre** (Nr. 23, Tel. 466 2610, www.listagil.akureyri.is) oder das **Kunstmuseum** (*Listasafnið*, Nr. 12, Di–So 9–17 Uhr, www.listasafn.akureyri.is).

An der Aðalstræti

Eindrucksvoll ist die Zahl der Pflanzenarten im ***Botanischen Garten** C: Es sind mehr als 6000, v. a. arktische und alpine Spezies wie Sibirische Lärchen, Drehkiefern oder Arktische Weideröschen, aber auch Schwertlilien oder Rosen (Juni bis Sept. Mo–Fr 8–22, Sa/So 9–22 Uhr).

Das älteste Haus der Stadt, erbaut 1795, ist das **Laxdalshús** D, Hafnarstræti 11. Das **Friðbjarnarhús** E von 1856 war Gründungssitz des isländischen Guttemplerordens, der sich dem Kampf gegen den Alkoholismus widmet (Juli–Aug. tgl. 13 bis 17 Uhr, Tel. 863 4531).

Das Museum ***Nonnahús** F widmet sich dem Leben und Werk des 1944 in Köln gestorbenen Kinderbuchautors Jón Sveinsson (»Nonni und Manni«), der 1865–1870 in Akureyri lebte (Aðalstræti 54 b, www.nonni.is, Juni–Aug. tgl. 10 bis 17 Uhr, sonst nach Vereinbarung, Tel. 462 3555).

Über die Geschichte des Eyjafjörður und der Stadt vor allem im 19. und 20. Jh. informiert das **Heimat- und Volkskundemuseum** G (*Minjasafnið*) anhand von Fotografien, Alltagsobjekten und auch nachgebauten Einrichtungen (Aðalstræti 58, Juni–Mitte Sept. tgl. 10 bis 17, sonst Do–So 14–16 Uhr, www.akmus.is).

Info

Tourist Info

- Kulturzentrum Hof | Strandgata 12
- Tel. 450 1050 | www.visitakureyri.is
- Mitte Juni–Aug. tgl 8–19, Sept. Mo–Fr 8–17, Sa/So 9–14, Okt.–April 8–16, Mai–Mitte Juni Mo–Fr 8–17, Sa 8–16 Uhr.

Verkehr

- Der **Flughafen** liegt ca. 4 km südlich des Zentrums und ist mit dem Taxi erreichbar. In dem kleinen Gebäude befindet sich der Schalter des Autoverleihs Avis, gegenüber dem Gebäude jener von Hertz. Auskünfte über Flugpläne: Tel. 460 7000.
- **Bus:** SBA-Norðurleið, Hjalteyrargata 10, Tel. 550 0700, Fax 550 0701, www.sba.is. Fernverbindungen von bzw. nach Reykjavík, Húsavík, Mývatn oder Egilsstaðir im Osten, Ólafsfjörður, quer durchs Hochland und zu weiteren Zielen (teils ganzjährig). Die An- und Abfahrtsstelle der Überlandbusse liegt in der Hafnarstræti 82, Busbahnhof, Tel. 462 4442.

Unterkünfte

Hótel Íbúðir ●●●
Geschmackvoll eingerichtete Apartments für zwei bis sechs Personen in zentraler Lage.

- Geislagata 10 | Tel. 892 9838
- www.hotelibudir.is

KEA ●●●
4-Sterne-Hotel mit barrierefreien Zimmern und allem Komfort eines Business-Hotels. Gute, erstaunlich große Weinauswahl im Restaurant.

- Hafnarstræti 87–89
- Tel. 460 2000 | www.keahotels.is

Gistiheimili Akureyri ●–●●
19 moderne Zimmer unterschiedlicher Kategorien in der Fußgängerzone. Frühstücksbuffet.
- Hafnarstræti 104
- Tel. 462 5600
- www.hotelakureyri.is

Brekkusel ●
Gästehaus mit Kochmöglichkeit, auch Schlafsackplätze, ruhig, mit Garten.
- Byggðavegur 97
- Tel. 895 1260
- www.brekkusel.is

Þórunnarstræti Camping Ground (Tel. 462 3379) und
Hamrar (Tel. 461 2264)
Geöffnet Mitte Mai–Mitte Sept. Beide Plätze werden gemeinsam verwaltet und haben sehr gepflegte Sanitäranlagen.
- www.hamrar.is

Restaurants

Rub23 ●●●
Beste Adresse der Stadt für Fisch, vor allem für Sushi. Die Gerichte werden nach Vorliebe gewürzt.
- Kaupvangsstræti 6 | Tel. 462 2223
- www.rub23.is
- Mo–Fr 11.30–14, tgl. ab 17.30 Uhr.

1862 Nordic Bistro ●●–●●●
Das angenehme Ambiente ist verbunden mit einem schönen Blick auf den Fjord, im Sommer auch Terrassenbetrieb. Gute Küche.
- Kulturzentrum Hof
- Strandgata 12
- Tel. 466 1862
- http://1862.is
- So–Do 11.30–18, Fr, Sa 11.30 – 21 Uhr

Strikið ●●–●●●
Dezentes Feinschmecker-Restaurant mit wunderbarer Terrasse und fantastischem Blick auf den Fjord. Ideenreiche Küche.
- Skipagata 14 | Tel 462 7100
- www.strikid.is
- Tgl. ab 11.30 Uhr.

Bautinn ●–●●
Sehr gute Fischgerichte sowie ein unglaublich vielfältiges Salatbuffet.
- Hafnarstræti 92 | Tel. 462 1818
- http://www.bautinn.is
- Tgl. ab 18.30 Uhr, Sa/So Reservierung empfehlenswert.

Bláa Kannan Café ●
Täglich Frühstück, Mittagslunch oder Tagessuppe und jederzeit Kuchen oder Sandwiches.
- Hafnarstræti 96
- Tel. 461 4600

Shopping

Shoppingmall Glerártorg
Mit Boutiquen, Schuhgeschäften, Handy-Läden und dem beliebten Kaffi Torg Shopping Mall Café.
- Gleráreyrum 1 | in der westlichen Verlängerung der Glerárgata
- Mo–Fr 10–18.30, Sa 10–17, So 13 bis 17 Uhr.

Haupteinkaufszeile in Akureyri ist der Innenstadtbereich um die Hafnarstræti. Hochwertige Outdoor-Bekleidung führt die Filiale von **66°North** (Glerárgata 32). Pullover aller Art, vor allem die »echt« isländischen, gibt es bei **Fold-Anna** (Hafnarstræti 100), und Weihnachtsdekoration ganzjährig im **Jólagarðurinn** (5 km südlich des Zentrums, mit Café).

Erst-klassi

Nightlife

- Akureyris Nachtleben lockt die Jugend aus der gesamten Region an. Vor allem samstagabends fährt man beim Autokorso um den Rádhústorg schickes Blech und aktuelle Designermode spazieren. Manche Bars und Diskos haben am Wochenende bis in die frühen Morgenstunden geöffnet. Beliebt ist u.a. das **Bláa Kannan** › links.
- Ins trendige **Kaffi Akureyri** (Strandgata 7) dürfen nur Leute, die älter als 20 Jahre und schick gekleidet sind.

Ausflüge ab Akureyri

Grímsey

Die Insel, gut 41 km nördlich von Akureyri, ist das einzige Eckchen Islands, das der Polarkreis durchschneidet. Diesen Breitengrad zeigt das Polarkreis-Denkmal an der Startbahn des Inselflughafens. Zur Sonnenwende am 21./22. Juni steigt im Básar-Gästehaus (611 Grímsey, Tel. 467 3103, ●) eine Mitternachtssonnenparty, denn die Sonne steht auch um null Uhr noch über dem Horizont. Da nur wenige Besucher kommen, sind die tausenden Papageitaucher, Lummen, Tordalken und Möwen an den über 100 m hohen Vogelfelsen im Norden der Insel noch recht zahm. In den Inselorten Básar und Sandvík leben die 86 Einwohner von der Fischerei.

Verkehr

- Im Sommer tgl. Flüge mit **Norlandair,** nach Grímsey, Vopnafjörður und Þórshöfn; Akureyri Airport, Tel. 414 69 60, www.norlandair.is.
- **Fähre Sæfari:** Mo, Mi, Fr 9 Uhr ab Dalvík › S. 95 (Rückfahrt 16 Uhr), Tel. 458 8971, www.saefari.is.

*Goðafoss 2

Von Akureyri kommend, erreicht man nach rund 50 km nahe der Ringstraße den Wasserfall. Die Kaskaden des »Götter-Wasserfalls« sind nur etwa 15 m hoch, dafür aber

Der gewaltige Goðafoss bietet ein beeindruckendes Naturschauspiel

gute 100 m breit. Hier soll der Gode und Gesetzessprecher Þorgeir nach Einführung des Christentums als Staatsreligion die letzten heidnischen Götterbilder versenkt haben. Teils rutschige Pfade führen dicht an den Wasserfall heran.

Húsavík 3

Man nennt sie die »Walhauptstadt der Insel«, weil man in der malerischen Bucht Skjálfandi Buckel-, Finn- oder Seiwalen besonders nahe kommen kann: Existenzgrundlage der 2200 Einwohner sind die unzähligen Touristen, die vor allem im Sommer auf Walbeobachtungstour gehen › **S. 22**.

Das Walmuseum **Hvalasafnið** am Hafen präsentiert auf 1200 m² Interessantes über die Riesen der Meere. An der Decke hängt das Skelett des 17 m langen Pottwals »Kjálkaryr«, der 1997 an Islands Südküste strandete (Juni–Aug. tägl. 8–18.30, April, Mai, Sept. tägl. 9–16, Okt.–März Mo–Fr 10–12 und 13–15.30 Uhr, www.whalemuseum.is).

Das **Museum Húsavík** *(Safnahúsið á Húsavík)* umfasst das Regionalmuseum, das naturkundliche Museum mit einem ausgestopften Eisbär, der 1969 auf Grímsey geschossen wurde, ein Foto- und Kunstmuseum sowie ein Seefahrtsmuseum (Stórigarður 17, Juni–Aug. tgl. 10–18, Sept.–Mai Mo–Fr 10 bis 16 Uhr, www.husmus.is).

Sehenswert ist Húsavíks hübsche **Kreuzkirche,** die 1907 aus norwegischem Holz gebaut wurde (Sommer tgl. 9–11, 15–17 Uhr).

Info

Tourist-Information Húsavíkurstofa

- im Walmuseum | Tel. 464 43 00
- www.visithusavik.is
- Juni–Sept.

Hotels

Fosshótel Húsavík ●●●

Zweckmäßig eingerichtete, schlicht wirkende, jedoch geräumige Zimmer, nicht weit vom Walmuseum.

- Ketilsbraut 22 | Tel. 464 1220
- www.fosshotel.is

Gistiheimili Árból ●●

Familiäres, rustikales Gästehaus von 1903, ruhig gelegen.

- Ásgarðsvegi 2 | Tel. 464 2220
- www.arbol.is

Restaurant

Gamli Baukur ●●

Gemütliches Restaurant in zwei Holzhäusern am Hafen. Juni–Ende Aug. sehr gutes Fischbuffet, sonst exzellente Meeresfrüchte-Platten oder Snacks.

- Hafnarsvæðinu | Tel. 464 2442
- www.gamlibaukur.is
- Tgl. ab 11.30 Uhr.

***Mývatn 4

Der 37 km² große »Mückensee« gehört zu den schönsten und meistbesuchten Regionen Islands. Seinen Namen verdankt er Millionen harmloser Zuckmücken, die im Frühjahr und Spätsommer schlüpfen. Es kommt aber auch eine stechende Kriebelmückenart vor. Kragen-, Spatel-, Schnatter- und Trauerenten sowie 13 weitere Entengattungen gehören ebenso zur

Der Mývatn, Islands viertgrößter See, von Höfði am Westufer aus

Vogelwelt des Sees wie viele andere seltene Arten. Vom Wanderweg am Südufer kann man die Vögel am besten beobachten. Startpunkt ist knapp 2 km nach der Brücke über den Fluss Laxá, ebenfalls ein guter Birdwatching-Platz. Rund um den See existiert eine vielfältige Flora: Birken, Weiden, Engelwurz, Hahnenfuß und viele andere Arten gedeihen hier.

Am Ostufer des Sees sollte man die Lavagebilde von **Dimmuborgir** (ca. 3,5 km hinter dem Parkplatz Höfði rechts abbiegen) besuchen. Sie entstanden vor etwa 2500 Jahren und sind Überbleibsel eines Lavasees, der sich hier zunächst staute, dann schlagartig abfloss und erkaltende Säulen zurückließ.

Der viertgrößte See Islands überrascht auch mit einem geologischen Phänomen: den Pseudokratern nahe **Skútustaðir.** Aus der Luft wirken nicht nur der See, sondern vor allem die bizarren Pseudokrater erst so richtig beeindruckend: Ein großartiges Erlebnis ist ein Rundflug, der ab Reykjahlíð startet (Mýflug, Tel. 464 4400, www.myflug.is).

Wie durch ein Wunder verschonte 1792 die Lava des Eldhraun das Kirchlein des Weilers **Reykjahlíð,** in das sich die Bauern der nahen Gehöfte geflüchtet hatten. Alle anderen Gebäude und sogar der Friedhof wurden zerstört. Noch heute wirkt das erkaltete Lavafeld um die neue Kirche bedrohlich. Der Ort ist ein populärer Übernachtungsstopp.

Verlockend ist ein heißes Bad in der Lagune des Dampfkraftwerks Bjarnarflag: Aus dem Naturdampfbad wurden die modernen **Mývatn Nature Baths** an der Ringstraße › **Special S. 93.**

Vom Mývatn aus organisiert Mývatn Tours Tagestouren zur Caldera Askja (Tel. 464 1920, www.askjatours.is).

Info

- **Tourist Info**
- Hraunvegur 8 | Reykjahlíð
- Tel. 464 4390 | www.myv.is
- Juni–Aug. tägl. 7.30–20.30 Uhr

SPECIAL

In Hot Pots und Lagunen

Dank der geothermischen Quellen und des reichlich vorhandenen Wassers findet man in Island viele Möglichkeiten, entspannende Bäder unter freiem Himmel zu nehmen. Schon in Reykjavík, das sich Spa-City nennt, kommen Sportler und Wellnesssuchende gleichermaßen auf ihre Kosten.

Besonders reizvoll aber sind die etwas versteckteren kleinen warmen Quellen und die reizenden Schwimmbäder auf dem Land.

Schwimmbäder

In Island gibt es jede Menge Schwimmbäder; in allen ist das Wasser wohltemperiert. Je größer der Ort, desto größer das Bad und die entsprechenden Anlagen, zu denen auch Saunen und Kinderbecken gehören. Doch auf die Größe kommt es gar nicht unbedingt an: In Reykjavíks Nachbarstadt **Seltjarnarnes** gibt es ein kleines, aber feines Bad mit hautfreundlichem Salzwasser, das auch die Hauptstädter sehr zu schätzen wissen.

Eine Attraktion ist Islands einziger Badestrand in **Nauthólsvík** südlich des Inlandsflughafens in Reykjavík. Geothermisch aufgeheiztes, 20 °C warmes Wasser und künstlich aufgeschütteter goldgelber Sand machen den Reiz des Thermalstrands mit Duschen, Umkleiden und Restaurant aus.

- **Seltjarnarneslaug**
  Suðurströnd
  Tel. 561 1700
  Mo–Fr 6.30–21, Sa/So Winter 8–18, Sommer 8–19.30 Uhr
- **Strand von Nauthólsvík**
  Nauthólsvegur (südlich von Perlan), erreichbar über die Straße Hlíðarfótur)
  Tel. 511 6630
  15. Mai–15 Aug. tgl. 10–19 Uhr,
  16. Aug.–14. Mai tgl. 11–13 Uhr

 Bild oben: Die Blaue Lagune nahe dem internationalen Flughafen von Reykjavík

Lagunen

Spätestens kurz vor dem Heimflug wird ein Besuch in Islands berühmtestem Badeparadies bei Grindavík auf dem Programm stehen. Erst nutzt ein Geothermalkraftwerk die örtlichen Thermalquellen zur Energieerzeugung, dann speist es das heiße Wasser in die **Blaue Lagune** › S. 62 (Bláa Lónið). Zu jeder Jahreszeit kann man im großen Außenbereich im gut 40 °C warmen Nass baden. Algen und Kieselschlamm verleihen dem Wasser zudem Heilkraft. Für perfektes Wohlgefühl sorgen das attraktive Ambiente, gratis erhältliche Schönheitscremes, Dampfbad und Sauna im Innenbereich sowie ein großes Restaurant.

Was die Blaue Lagune im Süden ist, das ist die »grüne Lagune« im Norden bei Mývatn. **Mývatn Nature Baths** › S. 91 bietet mineralhaltiges, wohltemperiertes Wasser, dem auch pflegende Wirkung zugeschrieben wird. Ein Genuss ist auch der Blick auf die umgebende Landschaft.

- **Blaue Lagune**
  Tel. 420 8800
  www.bluelagoon.com
  Juni–Aug. tgl. 9–21, Juli bis 10. Aug. bis 22.30, Sept.–Mai tgl. 10–20 Uhr. Mit dem Flybus (www.re.is/DayTours/BlueLagoon) kann man gleich nach der Ankunft oder vor dem Heimflug an der Blauen Lagune stoppen, mit Abholung im Hotel in Reykjavík, Aufenthalt an der Lagune, Weiterfahrt zum Flughafen Keflavík.
- **Mývatn Nature Baths**
  östlich von Reykjahlíð | Tel. 464 4411
  www.jardbodin.is
  im Sommer 9–24, sonst 12–22 Uhr.

Heiße Quellen

Besonders reizvoll ist ein Bad in einer natürlichen Quelle, wie in **Landmannalaugar** › S. 136 oder **Hveravellir** › S. 132. Doch Vorsicht: Es gibt auch sehr heiße Quellen, die Verbrühungen verursachen können!

Hot Pots

Es gibt sie in jedem Schwimmbad, doch einen besonderen Reiz haben Hot Pots – manchmal auch als Jacuzzi – in Hotels oder Hütten. In einigen sitzt man draußen auf der Terrasse und genießt den Blick wie im **Brimnes** › S. 96 in Ólafsfjörður, oder man leistet sich den Luxus und mietet die Suite im **Landhotel Rangá** in Hella (www.hotelranga.is, ●●●) mit Hot Pot im Zimmer und Blick auf die Hekla.

BADEREGELN: Vor dem Besuch im Schwimmbad duscht man ohne Badebekleidung, doch wenn man eine Sauna oder ein Dampfbad im Schwimmbad besucht, muss man die Badesachen anbehalten.

In den Mývatn Nature Baths

› Karte S. 82

Unterkünfte

Hótel Reynihlíð ●●●
Große, geschmackvoll eingerichtete Zimmer, gutes Restaurant.
- Reykjahlíð | Tel. 464 4170
- www.reynihlid.is

Gistiheimili Eldá ●●
Vier Häuser direkt im Ort mit geräumigen Doppel- bzw. Familienzimmern.
- Reykjahlíð | Tel. 464 4220
- www.elda.is

Skútustaðir ●●
Bauernhof bei den Pseudokratern am Südwestufer, nur im Sommer.
- Tel. 464 4212
- www.skutustadir.com

Zeltplatz Vogar
Erst-! klassig
Sehr schöner Platz direkt an der Lava, ca. 2,5 km südlich.
- Tel. 464 4399 | www.vogahraun.is

Restaurant

Gamli Bærinn ●
Touristisch angehauchter Landgasthof, sehr gute Kuchen, abends Livemusik.
- Reykjahlíð | Tel. 464 4170
- Im Sommer tgl. ab 11 Uhr.

Námafjall 5 und Vulkan Krafla 6

Zu Füßen des Bergs **Námafjall** liegt ein großes Solfatarengebiet, das Besucher mit Dampfschwaden und infernalischem Gestank begrüßt. Allenthalben blubbert in diesem bekannten Hochtemperaturgebiet heißer Schlamm aus Erdlöchern und bildet vielfarbige Mineralienablagerungen.

ABER ACHTUNG: Wie in allen Vulkan- und Hochtemperaturgebieten ist bei der Annäherung an die Schlammlöcher Vorsicht angesagt.

Weiter in Richtung Norden liegt das Dampfkraftwerk Krafla, das an der Flanke des seit 1975 aktiven Vulkans **Krafla** (818 m) gebaut wurde. Unweit des kleinen Parkplatzes schimmert die Stóra-Víti (»Große

Der Fluss Jökulsá á Fjöllum im Jökulsárgljúfur-Nationalpark

Hölle«), ein Kratersee, der seine türkisblaue Farbe von Kieselsäurealgen erhält.

**Dettifoss 7 und Ásbyrgi 8

Der **Dettifoss** ist eines der beeindruckendsten und bekanntesten Naturwunder Islands. Den wasserreichsten Wasserfall Europas speist der Gletscherfluss Jökulsá á Fjöllum. Seine graubraunen Wassermassen – bis zu 200 000 l pro Sekunde – stürzen 44 m tief eine insgesamt 100 m breite Felswand hinab.

Im Westen und Norden schließt sich der **Jökulsárgljúfur-Nationalpark** an, den der Jökulsá á Fjöllum Richtung Atlantik durchfließt, vorbei an bizarren Lavagebilden. Trekkingfreunde steuern den Zeltplatz in **Ásbyrgi** an, der wunderschön an der gleichnamigen, so schroffen wie zauberhaften ****Schlucht Ásbyrgi** liegt. Eindrucksvoll fassen bis zu 100 m hohe Felswände das grüne, hufeisenförmige Tal ein.

Info

Information Center

- Ásbyrgi | Tel. 470 7100
- www.vjp.is
- 20. Juni–11. Aug. tgl. 9–21, Mai und Sept. tgl. Kernzeit 10–16 Uhr.

Camping

Camping Jökulsárgljúfur Ásbyrgi

Komfortabler Platz mit Einkaufsmöglichkeiten und Anbindung an Überlandbusse, Reservierung zu empfehlen.

- Tel. 470 7100, wie Information Center

Dalvíks moderne Kirche wurde nach der Naturkatastrophe erbaut

Dalvík 9

Die Fischereiwirtschaft prägt die Stadt (1400 Einw.), in deren hübschem Hafen die Trawler ankern. Für das moderne Ortsbild gibt es einen einfachen Grund: 1934 zerstörte ein schweres Erdbeben mit nachfolgender Flutwelle fast die gesamte Stadt. Erdstöße sind der Region weiterhin gefährlich.

Sehenswert ist das **Heimatmuseum:** Hier findet sich die größte Kollektion an Pflanzen- und Blumenarten in ganz Island, daneben der größte je gefangene Seehund und eine Gedenkstätte für den mit 2,34 m einst größten Mann der Welt, Jóhann Kristinn Petursson (1913–1984) (*Byggðasafn Dalvíkur,* Hvoll, Tel. 466 1497, Juni–Aug. tgl. 11–18, sonst Sa 14–17 Uhr).

Info

Tourist Information

- Schwimmbad | Tel. 466 3233
- www.dalvik.is
- Mo–Fr 6.15–20, Sa/So 9–17 Uhr.

Hotel

Fosshótel Dalvík ●●
Solides, ganzjährig geöffnetes 3-Sterne-Hotel. Im Winter guter Ausgangspunkt zur Nordlichtbeobachtung.

- Skíðabraut 18 | Tel. 466 3395
- www.fosshotel.is

Restaurant

Við Höfnina ●–●●
Außer günstigen Pizzen und Hamburgern gibt es auch gute Fischgerichte.

- Hafnarbraut 5 | Tel. 466 1012

Ólafsfjörður 10

Den reizvollen Wintersportort (790 Einw.) erreicht man über die schöne Straße Nr. 82. Wenn der Nordwind reichlich Schnee gebracht hat, tummeln sich die Skifahrer am Ólafjaðafjall, wo sogar eine Skisprungschanze steht. Existenzgrundlage des Städtchens ist aber vor allem der Fischfang.

Zu einem Anglerparadies hat sich die Lagune Ólafsfjarðarvatn entwickelt, wo sich kaltes Süß- und vergleichsweise warmes Salzwasser mischen, weshalb man dort die nach Meinung der Einheimischen besten Lachse und Forellen Islands, aber auch Meeresfische an die Angel bekommt.

Ornithologen wird das **Naturkundemuseum** mit der größten Sammlung präparierter Vögel und Vogeleier in ganz Island begeistern. Ein naturgetreu nachgebildeter Vogelfelsen bereichert die Schau (Aðalgata 14, Tel. 466 2651, Juni–Aug. Di–So 14–17 Uhr).

Hotel

Hótel Brimnes ●●–●●●
Gutes Mittelklassehotel mit großem Restaurant und Bar. Das Hotel vermietet auch acht finnische Blockhütten direkt an der Lagune für 2–8 Personen.

Erst-klassi

- Bylgjubyggð 2 | Tel. 466 2400
- www.brimnes.is

Siglufjörður 11

Isländer verbinden Islands nördlichste Stadt (1200 Einw.) sofort mit dem Heringsboom vom Anfang des 20. Jhs. Die besten Zeiten, als Hering ein Exportschlager war, sind zwar vorbei, doch heute zieht man mit der Geschichte Touristen an.

Die kleine, 1932 geweihte **Kirche** lohnt den Besuch wegen des großen Altarbilds von Gunnlaugur Blöndal (1893–1962) und des kunstvoll-schlichten Taufsteins, den der Bildhauer Ríkarður Jónsson aus Akureyri gestaltet hat (tgl. geöffnet). Vor dem Gotteshaus erinnert die Skulptur **Sílvereiði** (Heringsfang) von Ragnar Kjartansson an die goldene Ära.

Spannendes gibt es im ****Heringsmuseum** *(Síldarminjasafnið)* zu sehen: Im Sommer jeweils Sa 15 Uhr wird die Technik des Heringsalzens von Arbeiterinnen demonstriert. Man darf den Fisch auch probieren. Sonst gibt es Utensilien aus der Zeit des Herings-

Erst-klassi

booms von 1908 bis ca. 1969 – Fässer, Netze, alte Fotografien und Urkunden – und Filme zu sehen, die über den Heringsboom informieren (Snorragata 15, www.sild.is/en, Tel. 467 1604, Juni–Aug. tgl. 10–18, sonst tgl. 13–17 Uhr).

Alljährlich am ersten Augustwochenende ist die ganze Stadt auf den Beinen: Theatergruppen, Komödianten und Musiker erinnern beim **Heringsfestival** an die große Zeit des Heringsrauschs.

Info

Tourist Info

- Gránugata 4–6 | Tel. 464 9100
- www.fjallabyggd.is
- Im Sommer tgl. 10–18 Uhr.

Hotel

Gistihusið Hvanneyri ●●

Gästehaus (22 Zimmer) mit Familienanschluss. Auf den üppigen Frühstückstisch kommt auch Hering.

- Aðalgata 10 | Tel. 467 1506
- www.hvanneyri.com

Restaurant

Kaffi Rauðka ●●

Hier kann man nicht nur gut essen, z. B. die wechselnden Tagesgerichte und Salate, sondern hat auch auf den Hafen blicken. In den großen Räumen lässt es sich gut feiern.

- am Hafen | Tel. 461 7733

Hólar 12

1106 entstand hier der zweite Bischofssitz des Landes, zugleich ein politisches und kulturelles Zentrum des Nordens. 1530 brachte Jón Arason eine Druckpresse nach Hólar, doch erst sein reformierter Nachfolger, Guðbrandur Þorláksson, ließ sowohl das Evangelium als auch die ersten Karten des Landes drucken.

****Hóladómkirkja** ist ein auffälliger Bau aus rotem Sandstein, bereits 1763 geweiht und damit Islands älteste Steinkirche. Sehenswert ist v. a. das Triptychon aus dem Spätmittelalter (Sommer tgl. 10–18 Uhr).

Heute gibt es in Hólar eine Hochschule für Reiterei, Pferdehaltung und Pferdezucht. Während des Sommers bietet diese landschaftlich schön gelegene Einrichtung gute Freizeitangebote für Familien.

Unterkunft

Hólaskóli ●–●●

Einfache Zimmer in der Schule, Ferienwohnungen und hübsche Hütten werden geboten.

- Tel. 455 6333 | www.holar.is

Zeltplätze in wunderbarer Natur

Erst-klassig

- **Vogar** am Mývatn liegt direkt an der Lava und ist ein idealer Ausgangspunkt für Spaziergänge. › S. 94
- **Hólar** bietet einen lauschigen Platz in einem kleinen Wald. › S. 98
- Auf dem schön gelegenen Platz von **Atlavik** am Lögurinn kann man träumen unter Bäumen. › S. 105
- In **Skógar** wiegt das friedliche Rauschen des nahen Wasserfalls Camper in den Schlaf. › S. 116
- Auf **Heimaey** zeltet man direkt an den steilen Klippen, wo zahlreiche Vögel nisten. › S. 124

› Karte S. 82

Camping

Erst-klassig Sehr hübscher Platz für etwa 200 Personen in einem kleinen Wald.

- Tel. 455 6333 (wie Hólaskóli, › **S. 97**)

Sauðárkrókur 13

Der Ort (2600 Einw.) ist ein wichtiges Verwaltungszentrum im isländischen Nordwesten mit weiterführenden Schulen für die Region. Neben der Fischerei leben die Einwohner auch von kleineren Industrien wie z. B. einer Steinwollefabrik.

Kleine Ausstellungen zu alten Handwerksberufen und zur Archäologie der Region Skagafjörður zeigt **Minjahúsið** im ehemaligen Lagerhaus des alten Ladens (Aðalgata 16 b, Juni–Aug. 13–19 Uhr).

Die lebensgroße Skulptur eines Islandpferds in der Skagfirðingarbraut, geschaffen von Ragnar Kjartansson, verdeutlicht, dass die Pferdezucht im Skagafjord-Bezirk einen besonders hohen Stellenwert hat. Bis vor wenigen Jahren wurden Islandpferde vor allem im Nordwesten der Insel auch noch als Arbeitstiere eingesetzt. Die besten Reiter der Insel sind hier zu Hause.

Eine Wanderung auf den 900 m hohen Aussichtsberg **Tindastóll** nordwestlich von Sauðárkrókur (ab Reykir, am Ende der Straße 748) wird mit einem einzigartigen Blick auf die Stadt, den Skagafjord sowie die Berge und Ebenen der Skagi-Halbinsel belohnt. Erst-klassig Auf dem Tindastóll soll es einen mit Wasser und unzähligen Edelsteinen gefüllten Brunnen geben; jedes Jahr zur Mittsommernacht steigt, so heißt es, der wertvollste, der Wünsche erfüllen kann, an die Oberfläche.

SEITENBLICK

Hoch zu Ross

Pferdefans sehr zu empfehlen sind die Reittouren-Angebote von Gehöften wie **Lýtingsstaðir Horse Farm** (Varmahlíð, Tel. 453 8064, www.lythorse.com, mit Pferdeverkauf), oder auch **Hestasport Activity Tours** (Tel. 453 8383, www.riding.is). Oft sind es Mehrtagestouren, z. B. Ausflüge zum Mývatn, die vor allem erfahrene Reiter ansprechen. Manchmal kann man am Pferde- und Schafabtrieb teilnehmen. Auch Hotels und Gästehäuser bieten in Kooperation mit kleineren Höfen Ausflüge im Sattel an.

Info

Tourist Information

- im Minjahúsið | Tel. 453 6870
- www.visitskagafjordur.is
- Sommer tgl. 13–19 Uhr.

Verkehr

Flughafen: 2 km östlich der Stadt, mehrmals wöchentlich Flüge von/nach Reykjavík mit Eagle Air.

- Tel. 562 2640
- www.eagleair.is

Hotels

Mikligarður ●–●●

Kleines, gemütliches Gästehaus, auch mit Schlafsackunterkünften.

- Kirkjurtorg 3 | Tel. 453 6880
- www.mikligardur.is

Im Sommer wird auch die Schule des Ortes als Hotel genutzt.

Glaumbær, ein Torfhof aus dem 18./19. Jh.

**Torfhofmuseum Glaumbær 14

Vor 1900 lebten die meisten Isländer in Häusern, deren Wände aus gut isolierendem Torf gebaut und deren Dächer mit Grassoden bedeckt waren. In diese Ära führt das hervorragende Torfhofmuseum *(Byggðasafn)* Glaumbær. Der Hof, gestützt durch ein Holzgerüst, besitzt 16 Räume, darunter Vorrats-, Schlaf-, Gästezimmer und Küche. Auf die Vorhänge der benachbarten Kirche sind Szenen aus alten isländischen Manuskripten gemalt, die von der Annahme des christlichen Glaubens berichten (Juni–10. Sept. tgl. 9–18 Uhr, sonst auf Anfrage, Tel. 453 6173).

Restaurant

Áskaffi ●

Hausgemachte Kuchen und sehr guter Kaffee in einem Haus von 1849.

▮ auf dem Museumsgelände

Varmahlíð 15

Der kleine Ort führt die »warmen Quellen« schon im Namen; sie werden zum Heizen, für die Warmwasserversorgung und im Schwimmbad (Mo–Fr 10.30–21, Sa/So 10.30–18 Uhr) genutzt.

Sehenswert ist die ***Víðimýrarkirkja** bei Víðimýri (ca. 1,5 km westlich), die 1834 aus sibirischem Treibholz errichtet wurde. Die Grassodenkirche gilt als eines der schönsten Beispiele isländischer Baukunst – die Wände sind aus Torf, um den ein Holzgerüst herumgearbeitet wurde. Das Altarbild (1616) zeigt eine Abendmahlszene, die Kirchenbänke zieren kunstvolle Schnitzereien (im Sommer tgl. 9 bis 18 Uhr, im Winter nach Vereinbarung, Tel. 453 5095).

Info

Tourist Info

▮ Tel. 455 6161 | www.northwest.is

▮ Sommer tgl. 9–19 Uhr.

› Karte S. 82

Hotel

Hótel Varmahlíð ●●●
Ansprechendes Hotel mit geräumigen Zimmern und gutem Restaurant.
- Laugavegur | Tel. 453 8170
- www.hotelvarmahlid.is

Blönduós 16

Der Verkehrsknotenpunkt an der Mündung der Blandá (900 Einw.) erhielt erst 1988 die Stadtrechte. Das **Textilmuseum** *(Heimilisiðnaðarsafnið)* zeigt u.a. Wandteppiche und bestickte Tischdecken (Árbraut 29, Sommer tgl. 10–17 Uhr).

In einem der ältesten Häuser Islands (1733) befindet sich das ***Packeismuseum,** das über das Entstehen des Meereises, sein Kommen und Gehen informiert. Packeis trat in der Bucht Húnaflói regelmäßig auf, oft trieb dabei auch mal ein Eisbär an (Sommer tgl. 11–17 Uhr).

Info

Tourist Info
- am Campingplatz an der Ringstraße
- Tel. 452 4520
- Sommer tgl. 9–21 Uhr.

Hotels

Hótel Blönduós ●●●
Gemütliches Haus mit gutem Restaurant im Zentrum. Ganzjährig. Angeschlossen ist auch ein Gästehaus.
- Aðalgata 6 | Tel. 452 4205
- www.hotelblonduos.is

Hótel Húnavellir ●–●●
Sommerhotel in idyllischer Lage.
- am See Svínavatn, ca. 15 km südl.
- Tel. 453 5600 | www.hotelhunavellir.is

Vatnsnes-Halbinsel

Größter Ort und Dienstleistungszentrum der Region ist **Hvammstangi** 17. Hier befindet sich ein sehr empfehlenswertes ****Robbenzentrum** (Selasetur, Juni–Aug. tägl. 9–19, sonst 9–16 Uhr), das viel Interessantes über die Tiere und ihre wirtschaftliche Bedeutung für die Region vermittelt. Entlang der Westküste der Vatnsnes-Halbinsel gibt es immer wieder Plätze, wo man Robben beobachten kann.

Erst-klassig!

Am 15 m hohen Hvítserkur-Vogelfelsen sind vor allem Dreizehenmöwen und Kormorane zu beobachten. Der Felsen liegt nahe **Ósar** 18, wo auch Seehunde auftauchen. Zu beiden Zielen muss man beim Miðfjarðarvatn in die Straße 711 einbiegen.

Unterkunft

Gästehaus Hanna Sigga ●
Das Gästehaus hat sechs gemütliche Zimmer und einen schönen Garten mit Hot Pot. Zum Bio-Frühstück gibt es selbst gebackenes Brot.
- Garðarvegur 26
- Tel. 451 2407
- www.simnet.is/gistihs

Reykir 19

Im **Regionalmuseum** des Ortes ist u.a. ein altes Haifischfangboot ausgestellt: Noch bis ins 20. Jh. ging man in der Húnaflói-Bucht auf Haifischjagd (Tel. 451 0040, Juni–Aug. tgl. 10–18 Uhr).

Blühende Margeriten bei Djúpivogur

Osten

Das Beste!

- Ein Spaziergang im Wald, denn einen richtigen gibt es in Hallormsstaðarskógur › S. 105
- Leckeren Kuchen essen in dem gemütlichen Café in Gunnar Gunnarssons ehemaligem Wohnhaus in Skriðuklaustur › S. 105
- Die Elfen besuchen in Bakkagerði › S. 104
- Ein Abendspaziergang in Djúpivogur mit Blick auf die kleinen Boote und das Meer › S. 106

In den Fjorden an Islands Ostküste verstecken sich verträumte kleine Fischerorte; im Südosten ist Höfn Ausgangsort für Touren auf den Vatnajökull-Gletscher.

Ostisland umfasst die fjordreiche Küste zwischen Bakkagerði und Höfn. Der Hauptort des Ostens ist Egilsstaðir am See Lögurinn, bekannt für seinen Wald. Die sich weiter südlich erstreckende Fjordlandschaft ähnelt der der Westfjorde. Erdgeschichtlich gehören beide Gebiete zu den ältesten der Islands. In den Fjorden, umgeben von Gebirgen, liegen Fischerorte, besonders gut versteckt ist Bakkagerði, der größte Ort des »verborgenen Volkes« (vulgo: Elfen). Reyðarfjörður hat sich mit dem Bau der dortigen Aluminiumschmelze sprunghaft entwickelt.

Islands größter Gletscher Vatnajökull prägt den Südosten. Startpunkt für Exkursionen ist Höfn.

Touren in der Region

Tour 13 Rund um den Lögurinn

Tour-Übersicht:

Verlauf: **Egilsstaðir › Hallormsstaðarskógur › Végarður › Skriðuklaustur › Egilsstaðir**

Dauer: 1 Tag

Praktische Hinweise:

- Für diese Tour braucht man einen Pkw, den man auch in Egilsstaðir am Flughafen leihen kann.

Tour-Start:

Der See **Lögurinn › S. 104** südwestlich von **Egilsstaðir › S. 103** ist im Grunde ein besonders breiter Fluss, aber als solchen nimmt man ihn nicht wahr. Besonders schön ist das waldreiche Ostufer mit dem größten Waldgebiet des Landes, **Hallormsstaðarskógur › S. 105**. Ausgewiesene Pfade bieten sich für Spaziergänge an.

Am Westufer lohnt ein Stopp bei der Information von **Végarður › S. 105**, um fast alles über das neue Kraftwerk und die Staudämme zu erfahren. Unweit davon geht die Straße 910 ins Hochland ab, die zu den Staudämmen führt.

Skriðuklaustur › S. 105, das ehemalige Wohnhaus des Dichters Gunnar Gunnarsson, ist heute ein Kulturzentrum, oft gibt es Ausstellungen, sonst macht auch der Gang durch die Wohnräume Spaß. Nicht weit entfernt liegt der schöne Wasserfall **Hengifoss**, dann geht es wieder auf die Ringstraße und nach Egilsstaðir.

Tour 14 Entlang der Fjorde nach Höfn

Tour-Übersicht:

Verlauf: **Egilsstaðir › Reyðarfjörður › Fáskrúðsfjörður › Stöðvarfjörður › Breiðdalsvík › Djúpivogur › Höfn**

Dauer: 1 Tag

Praktische Hinweise:

- Man kann die Orte mit dem Bus anfahren, doch bleibt dann keine Zeit für Besichtigungen.

Tour-Start:

Zunächst geht es von **Egilsstaðir** › **S. 103** auf der Straße Nr. 92 über die Hochebene Fagridalur nach **Reyðarfjörður** › **S. 105**. Der Ort am gleichnamigen Fjord wirkt seit der Eröffnung der Aluminiumschmelze geradezu städtisch.

Durch den Tunnel geht es nun auf der Nr. 96 die Küste entlang, die in vielem den Westfjorden ähnelt. In **Fáskrúðsfjörður** › **S. 106** mutet manches französisch an. In **Stöðvarfjörður** › **S. 106** lohnt ein Besuch der Mineraliensammlung. **Breiðdalsvík** liegt an dem größten Tal, das sich im Osten eingegraben hat, auf den vorgelagerten Inseln leben Eiderenten und Robben. Hier stößt die Straße auf die Nr. 1. **Djúpivogur** › **S. 106** bietet Vogelfreunden Gelegenheit für Beobachtungen.

Auch die weitere Strecke entlang der Küsten in den Süden eröffnet immer wieder schöne Ausblicke auf das Meer und lädt zu Pausen ein. Schließlich ist **Höfn** › **S. 107** am Fuß des Vatnajökull erreicht.

Wichtige Adresse

East Iceland Regional Information Centre

- Miðvangur 1–3 | Egilsstaðir
- Tel. 471 2320 | www.east.is

Unterwegs im Osten

Egilsstaðir-Fellabær 1

Den Aufstieg der Doppelstadt (2300 Einw.) von einem Gehöft zum Zentrum Ostislands innerhalb von 40 Jahren ermöglichte die 1958 gebaute Holzbrücke über den See Lögurinn. Dem Leben in den Ostfjorden widmet sich das **Heimatmuseum,** wo man auch erfährt, dass Egilsstaðir einst eine Hinrichtungsstätte war; die alte Ortsbezeichnung *Galgaás* (Galgenberg) erinnerte daran (Laufskógum 1, Tel. 471 1412, Juni–Aug. Mo–Fr 13–19, Sa 10–16, Sept.–Mai Mo–Fr 13–16 Uhr).

Information

Tourist Info

- Miðvangur 1–3 | Tel. 471 2320
- www.east.is
- Juni–Aug. Mo–Fr 8.30–18, Sa/So 9–17, Sept.–Mai Mo–Fr 8–16, Sa 11 bis 15 Uhr, Nov.–Feb. Sa geschl.

Unterkünfte

Gistihúsið Egilsstöðum ●●●
Hübscher alter Hof am Lögurinn, mit romantischen Zimmern.
- Tel. 471 1114 | www.lakehotel.is

Icelandair-Hótel Herað ●●●
Komfortables Business-Hotel.
- Miðvangur 5–7 | Tel. 471 1500
- www.icelandairhotels.com

Restaurant

Café Nielsen ●●
Große Kuchenvielfalt, guter Kaffee, abends italienische Küche.
- Tjarnarbraut 1 | Tel. 471 2626
- Mo–Do 11.30–23.30, Fr–So 13–2 Uhr.

Seyðisfjörður 2

Wer mit der Fähre »Norröna« anreist › **S. 16**, landet in dieser malerisch gelegenen Kleinstadt am gleichnamigen Fjord, umrahmt von gewaltigen Bergen. Zahlreiche bunte Häuser erinnern daran, dass sich Ende des 19. Jhs. hier viele Norweger ansiedelten. In der hübschen blauen **Kirche** geben zwischen Juni und August verschiedene Musiker meist klassische Konzerte.

Im einstigen Wohnhaus des Norwegers Otto Wathne, der Anfang des 20. Jhs. die Fisch verarbeitende Industrie in der Region mitbegründete, informiert ein **Technikmuseum** über die Entwicklung der Fotografie, Telegrafie und Medizin (Hafnargata 44, Tel. 472 1696, Sommer tgl. 11–17 Uhr).

Nahe des Ortes, an der Straße Nr. 93, rauscht der schöne Wasserfall **Gufufoss**.

Information

Touristeninformation im Fährhaus
- Ferjuleira 1 | Tel. 472 1551
- www.visitseydisfjordur.com
- im Sommer Mo–Fr 9–17, im Winter Di/Mi 9–17 Uhr.

Verkehr

Nach Seyðisfjörður und Bakkagerði verkehren regelmäßig Busse von Egilsstaðir.

Unterkunft

Jugendherberge Hafaldan ●
In der Nähe des Hafens gelegenes Haus (7 Vierbettzimmer) mit familiärer Atmosphäre, Küchenbenutzung.
- Ránargata 9 | Tel. 472 1410
- www.simnet.is/hafaldan

Bakkagerði 3

Den Ort am Borgarfjörður, ca. 70 km nördöstlich von Egilsstaðir, schmücken nicht nur viele alte, hübsche Holzhäuser, hier soll auch das Königspaar der Elfen wohnen. Doch auch auf den großen Sohn des Ortes, den Maler Jóhannes Sveinsson Kjarval › **S. 33**, ist man stolz. Kopien seiner Bilder und ein Nachbau seiner Atelierhütte sind im Museum des Gemeindehauses zu sehen (Juni–Aug. tgl. 11–17 Uhr).

Am Pier gibt es eine Vogelbeobachtungshütte. Von Bakkagerði starten Wanderungen in die Einsamkeit des Dyrfjöll-Bergmassivs.

Lögurinn

Mit 52 km^2 Fläche und 35 km Länge ist der Lögurinn (Lagarfljót) der drittgrößte See Islands. Obwohl zahllose Quellflüsse im Fljótsdalur in den See münden, bleibt der trübe Gletscherwassercharakter erhalten. Im Lögurinn soll das legendäre Seeungeheuer Ormur hausen, ein Verwandter der schottischen Nessie.

Hallormsstaðarskógur 4

Umrundet man den Lögurinn auf der gut ausgebauten 931, kommt man in Islands größten Wald. Mit der Wiederaufforstung wurde zu Anfang des 20. Jhs. begonnen, somit findet man durchaus 100 Jahre alte Bäume hier – der höchste ist eine Lärche. Zahlreiche Spazierwege führen durch den Wald.

Végarður 5

Das Infozentrum Végarður des Energieunternehmens Landsvirkjun liegt auf der westlichen Seeseite. Hier erfährt man Interessantes über das Kraftwerk, das das Aluminiumwerk in Reyðarfjörður beliefert, und den damit verbundenen Bau des Stausees im Hochland (Juni–Aug. tgl. 10–17 Uhr).

Wer sich den **Kárahnjúkar-Damm** ansehen möchte, fährt auf der Straße 910 etwa 50 km ins Landesinnere.

Skriðuklaustur 6

Das ehemalige Wohnhaus des Dichters Gunnar Gunnarsson wirkt in seiner Wuchtigkeit befremdlich. Entworfen hat es der deutsche Architekt Fritz Höger 1939; die Frage, inwieweit sich die Nationalsozialisten an der Finanzierung beteiligt haben, ist ungeklärt. Gunnarsson vermachte den Hof nach seinem Tod 1975 dem Staat, der 2000 dann

Die »Norröna« in Seyðisfjörður

auch das gewünschte Kulturzentrum darin einrichtete.

Im 15. Jh. stand hier ein Kloster, entsprechende Hinweise dazu findet man in einer Ausstellung (im Sommer tgl. 10–18 Uhr).

Camping

Zeltplatz Atlavík ●

Gut ausgestattet, romantisch gelegen unter Bäumen und direkt am See. Erst-! klassig

- im Wald Hallormsstaðarskógur
- Tel. 847 0063

Restaurant

Skriðuklaustur ●

Ausgezeichnetes Restaurant: Probieren Sie den Kuchen und die Suppen!

- Tel. 471 2992
- www.skriduklaustur.is

Ostfjorde

Reyðarfjörður 7

Reyðarfjörður ist seit dem Bau des Aluminiumwerks Alcoa mit rund 1100 Einwohnern der größte Ort an der Ostküste. Die gute Infrastruktur zog viele Bewohner an. Während

Die 350 Einwohner von Djúpivogur leben vom Fischfang

des Zweiten Weltkriegs befand sich hier eine Militärbasis der Alliierten; das **Museum** gibt Aufschluss über das Leben der Isländer während der englischen und amerikanischen Besatzung (Juni–Aug. tgl. 13–18 Uhr).

Fáskrúðsfjörður 8

Frankreich verbunden fühlen sich die Bewohner von Fáskrúðsfjörður. Zu Beginn des 20. Jhs. befand sich hier ein Hauptstützpunkt für französische Seeleute, die sogar eine Kirche mit Friedhof und ein Krankenhaus unterhielten. Noch heute verweisen die zweisprachigen Straßenschilder auf die Verbindung.

In der Umgebung gibt es schöne markierte Wanderwege. Auf den vorgelagerten Inseln leben große Seevögelkolonien.

Restaurant

Fransmenn á Íslandi ●

Französisches Ambiente und viele Infos über die französischen Fischer.

- Tel. 475 1525
- Tgl. geöffnet

Stöðvarfjörður 9

Mineralienvorkommen und die Bergkulisse machen den winzigen Ort zum lohnenden Stopp. Petra Sveinsdóttirs **Mineraliensammlung** ist bunt und fröhlich präsentiert, die meisten Steine stammen aus der Gegend (tgl. 9–18 Uhr).

Erst-klassig

Unterkunft

Kirkjubær ●

Die ungewöhnlichste Unterkunft im Land: Schlafsackübernachtung in einer alten Kirche, gemütlich, schöne Lage.

Erst-klassig

- Tel. 892 3319 | www.simnet.is/birgiral

Djúpivogur 10

Der ansehnliche Ort (350 Einw.) mit seinem netten Hafen war lange Zeit ein wichtiger Handelsstützpunkt. In der Umgebung kann man kleine Wanderungen und Vogelbeobachtungsfahrten zur Insel Papey unternehmen. Nahe Djúpivogur erhebt sich der auffällige, 1069 m hohe Berg **Búlandstindur**, der ähnlich wie der Snæfellsjökull als Energiezentrum gilt.

Hotel

Hotel Framtíð ●●–●●●
Hotel, auch Schlafsackunterkunft, Frühstück kostet extra. Restaurant (●●) mit guten Fischgerichten und selbst gebackenem Brot.
▪ Tel. 478 8887 | www.simnet.is/framtid

Höfn 11

Die Stadt (2200 Einw.) mit bedeutendem Fischereihafen liegt am Fuß des Vatnajökull. Der »Wassergletscher« lockt Abenteuertouristen, die mit einem Schneemobil übers Eis sausen wollen.

Das **Heimatmuseum** im ältesten Haus Höfns (1864) zeigt mehrere gelungen Ausstellungen über die Geologie des Vatnajökulls und die Geschichte des Ortes (Mai–Mitte Sept. tgl. 8–20 Uhr). Zum Museum gehören auch die separaten Gebäude **Mikligarður** und **Skeiðarskemman,** ein ehemaliges Lagerhaus. Beide haben die Lebensumstände der Fischer zum Thema (tgl. 8–20 Uhr).

Gletschertouren beginnen und enden an der 800 m hoch gelegenen Hütte Jöklasel, die man über die Piste F 980 erreicht. Tourunternehmer wie Glacier Jeeps (Tel. 478 1000 oder 894 3133, www.glacierjeeps.is) übernehmen den Transfer ab Höfn (Kosten im Tourpreis enthalten).

Ein tolles Erlebnis ist ein **Rundflug** über das Gletscherplateau – allerdings nur bei sehr guten Wetterbedingungen (Ernir, Eagle Air, Tel. 562 4200, www.eagleair.is).

Die liebevoll arrangierte, private Steinsammlung **Huldusteinn** *(Steinasafn)* befindet sich im alten Schwimmbad. V.a. die Außenanlage ist apart (Hafnarbraut 11, Tel. 478 2240, Sommer tgl. 12–18 Uhr).

Info

Tourist Information
▪ Gamlabúð (am Hafen) | Tel. 470 80 50,
▪ Juni–Aug. 8–20, Mai, Sept. 10–18, Okt.–April 16–18 Uhr

Verkehr

Flughafen: Ca. 2 km nordwestl. von Höfn, Linienflüge nach Reykjavík und Egilsstaðir, Info: Eagle Air (Ernir), Tel. 562 2640.

Unterkünfte

Hotel Edda ●●
Großes Gästehaus in der Nähe des Meeres.
▪ Ránaslöð 3 (am Hafen)
▪ Tel. 444 48 50 | www.hoteledda.is

Hostel Nýibær ●–●●
Jugendherberge, geöffnet März–Dez.
▪ Hafnarbraut 8 | Tel. 478 1736
▪ www.hostel.is

Camping Höfn ●
Gepflegter Platz an der Hauptstraße.
▪ Hafnarbraut 52 | Tel. 478 1606
▪ www.campsite.is

Restaurants

Hornið ●–●●
Guter Kaffee, leckerer Kuchen und das Spezialgericht: Hummerkrabben.
▪ Hafnarbraut 42 | Tel. 478 2600

Ósinn ●–●●●
Hotel-Restaurant; neben Burgern auch Hummer.
▪ Víkurbraut 24 | Tel. 478 1240

Süden

Das Beste!

- Auf den Hügel an der Gletscherlagune Jökulsárlón steigen und die Enten und Robben beobachten › S. 113
- Die Mitternachtssonne in Skaftafell bewundern, wenn sie Islands höchsten Berg in irisierendes Rot taucht › S. 114
- Eine Hütte in Hella mieten und beim Blick auf den Fluss Rangá und seine Umgebung ganz und gar zur Ruhe kommen › S. 118
- Auf die Hekla steigen, die Aussicht genießen – und vielleicht den Eingang zur Hölle finden › S. 118

Einerseits dominiert der mächtige Vatnajökull den Süden, andererseits prägt Landwirtschaft die Region, dazu kann man den Spuren der Sagahelden folgen. Wanderungen in Skaftafell oder in den Lavafeldern der Lakagígar begeistern Naturliebhaber.

Der Süden vereint alles, was Island ausmacht: Gletscher, Vulkane, Pferde, Wasserfälle und Sagas. Der östliche Teil ist vom Gletscher Vatnajökull geprägt. Zwischen Höfn und Jökulsárlón dominiert Landwirtschaft. Das Gebiet weiter westlich dagegen wurde von Gletscherläufen als Folge der Vulkanausbrüche unter dem Gletscher zerstört. Übrig sind nur noch die Sanderflächen, die sich von Skeiðarársandur bis Mýrdalssandur ziehen, unterbrochen vom Lavafeld Eldhraun. Von Vík bis in den Westen dann reicht Islands wichtigste Agrarregion. Weideflächen ermöglichen Schaf- und Rinderzucht und bieten Platz für Pferdehöfe. Die breiten, schwarzen Strände, vor allem bei Vík, zählen zu den schönsten des Landes. Wie weitreichend die Folgen des jüngsten Eyjafjallajökull-Ausbruchs für die Landwirtschaft sind, wird sich zeigen. Derzeit sind einige Gebiete mit Vulkanasche bedeckt.

Ein Höhepunkt der Region sind die vorgelagerten Westmänner-Inseln, von denen nur Heimaey bewohnt ist.

Touren in der Region

Tour 15 Im Bann des Gletschers

Tour-Übersicht:

Verlauf: **Höfn › Jöklasel › Jökulsárlón › Skaftafell › Kirkjubæjarklaustur › Lakagígar › Vík**

Dauer: 3 Tage (mit Wanderungen in den Lakagígar 4 Tage)

Praktische Hinweise:

- Zwischen Höfn und Kirkjubæjarklaustur gibt es keine Einkaufsmöglichkeit, der Laden am Zeltplatz in Skaftafell bietet wenig.
- Für die Abstecher nach Jöklasel und Lakagígar braucht man einen Geländewagen.
- Busse verkehren entlang der Ringstraße sowie zu den Lakagígar (nur Juli/Aug., ab Skaftafell und Kirkjubæjarklaustur nach Laki, 3,5 Std. Aufenthalt).
- **Glacierjeeps** bietet Touren nach Jöklasel auf dem Vatnajökull an. (Tel. 478 1000, www.glacierjeeps.is)

Abenteuer zwischen Eisschollen: Gletscherlagune Jökulsárlón

Touren im Osten, im Süden und im Hochland

Tour 13 Rund um den Lögurinn

Egilsstaðir › Hallormsstaðarskógur › Végarður › Skriðuklaustur › Egilsstaðir

Tour 14 Entlang der Fjorde nach Höfn

Egilsstaðir › Reyðarfjörður › Fáskrúðsfjörður › Stöðvarfjörður › Breiðdalsvík › Djúpivogur › Höfn

Tour 15 Im Bann des Gletschers

Höfn › Jökulasel › Jökulsárlón › Skaftafell › Kirkjubæjarklaustur › Lakagígar › Vík

Tour 16 Von Vík zur Hekla

Vík › Skógar › Hvólsvöllur › Hella › Hekla

Tour 17 Von Selfoss nach Hveragerði

Selfoss › Stokkseyri › Eyrarbakki › Þorlákshöfn › Hveragerði

Tour 18 Kjölur und Sprengisandur

Reykjavík › Gullfoss › Kerlingarfjöll › Hveravellir › Blanda › Akureyri › Goðafoss › Nýidalur › Reykjavík

Tour 19 Öskuleið (F 88)

Mývatn › Ódáðahraun › Herðubreiðarlindir › Askja › Kverkfjöll › Mývatn

Tour 20 Fjallabaksleið Nyrðri (F 208) und Landmannaleið (F 225)

Kirkjubæjarklaustur › Eldgjá › Landmannalaugar › Hekla › Reykjavík

› Karte S. 110

Tour-Start:

Von **Höfn › S. 107** geht es auf der auf der Ringstraße westwärts; kurz vor dem Ort Smyrlabjörg zweigt die relativ steile Jeeppiste F 985 zur **Jöklasel-Hütte** auf 840 m Höhe ab. Von dort werden Skidoo-Touren auf den *****Vatnajökull › S. 114** angeboten (Glacierjeeps › **S. 109**). Weiter geht es zur Lagune ****Jökulsárlón › S. 113,** auf der Eisberge treiben. Am Spätnachmittag kommt man in ****Skaftafell › S. 114** an. Hier wird übernachtet, um am nächsten Tag eine Wanderung zwischen den Gletscherzungen zu unternehmen, z. B. zum Wasserfall ***Svartifoss.**

Eine Stunde dauert die Fahrt über die Schotterebene Skeiðarársandur bis zum nächsten Übernachtungsort **Kirkjubæjarklaustur › S. 115.** Morgens bricht man dann in das fantastische Lavagebiet *****Lakagígar › S. 115** auf – die Piste F 206 ist für Allradwagenfahrer ein tolles Erlebnis. Wer ausgiebig wandern will, muss beachten, dass das Campen in den Lavafeldern verboten ist; die nächste Campingmöglichkeit besteht beim Hof Blágil. Ohne Wandertour kann man am Nachmittag noch nach **Vík › S. 115** fahren. Hier begeistern die schönen Strände und die Vogelfelsen.

Tour 16 Von Vík zur Hekla

Tour-Übersicht:

Verlauf: **Vík › Skógar › Hvólsvöllur › Hella › Hekla**

Dauer: 3 Tage

Praktische Hinweise:

- Ein Auto ist v. a. für die Fahrt zu den Sagaschauplätzen unerlässlich.
- Von Hvólsvöllur lässt sich ein Abstecher ins Wandergebiet Þórsmörk einplanen › **S. 117.**

Tour-Start:

Von **Vík › S. 115** erreicht man über den Abzweig Nr. 215 die Nehrung **Dyrhólaós.** Weiter westlich führt die 216 auf die Landzunge **Dyrhólaey › S. 116,** hier kann man mit einem Amphibienfahrzeug durch den Felsdurchbruch an der Südspitze fahren.

40 km nordwestlich von Vík liegt der Wasserfall ****Skógafoss › S. 116** mit Museum. Leicht kann man hier den Rest des Tages verbringen, in ****Skógar › S. 116** gibt es Übernachtungsmöglichkeiten.

Am nächsten Tag fährt man nach **Hvólsvöllur › S. 117.** Hier steht zunächst ein Besuch im Sagazentrum an, danach erkundet man einige Schauplätze der Njáls saga. Die 261 führt nach **Hlíðarendi,** dem Hof von Njáls Freund Gunnar. 3 km weiter zweigt die Nr. 250 nach Süden ab. Schon von Weitem sieht man den 178 m hohen Hügel **Stóra-Dímon,** an dem der erste Mord in der Saga verübt wird. Nachdem man die Ringstraße gekreuzt hat, geht es auf der Nr. 252 nach **Bergþórshvoll,** wo Njáll mit seiner Familie lebte. In einem Bogen entlang der Küste stößt man auf die Nr. 255, die zurück zur Ringstraße führt. Nordwestlich von Hvólsvöllur zweigt die Nr. 264 ab zum ***Hof Keldur** › S. 118, Heimat des Onkels von Njáls unehelichem Sohn. In einem Bogen gelangt man auf der 264 nach **Hella** › S. 118 mit Übernachtungsplatz direkt am Fluss Rangá. Am nächsten Tag erkundet man die Region um den Vulkan ****Hekla** › S. 118.

Tour 17 Von Selfoss nach Hveragerði

Tour-Übersicht:

Verlauf: Selfoss › Stokkseyri › Eyrarbakki › Þorlákshöfn › Hveragerði

Dauer: 1 Tag

Praktische Hinweise:

- Täglich verkehren Busse zwischen Reykjavík und Selfoss, die auch die kleinen Orte anfahren.

Tour-Start:

Die Fahrt von Selfoss entlang der Küste zu alten Fischerorten ist reizvoll. Man fährt auf kleinen Straßen vorbei an breiten Stränden, und je mehr man sich Þorlákshöfn nähert, desto breiter wird der Fluss Ölfusá.

Von **Selfoss** › S. 118 geht es auf der Nr. 33 durch grünes Land, an etlichen Höfen vorbei. Wer Elfen und Trolle liebt, stoppt im Geistermuseum von **Stokkseyri** › S. 119 (Sommer tgl. 13–19 Uhr). Nachdem man das Dorf verlassen hat, gelangt man auf die Nr. 34, die nach **Eyrarbakki** › S. 119 führt. Heimat- und Seefahrtsmuseum und der schöne Strand lohnen einen Aufenthalt. Die Nr. 34 führt über den Ölfusá, der hier mehr Lagune als Fluss ist. Ein Blick in den Hafen von **Þorlákshöfn** › S. 119 lohnt schon wegen der großen Natursteinmauer. Weiter geht es auf der Nr. 38, wo rechts und links des Weges Höfe liegen. In der Umgebung von ***Hveragerði** › S. 58 stehen mit geothermischer Energie betriebene Gewächshäuser; mitten im Ort liegt ein kleines Thermalgebiet.

Wichtige Adressen

- Visit South Iceland: www.south.is
- Westmänner-Inseln: www.visitwestmanislands.com

Unterwegs im Süden

***Vatnajökull-Nationalpark

8 **Jökulsárlón 12

Arktisgefühl vermittelt eine Bootstour auf dieser grandiosen Gletscherlagune. Blassblaue Eisblöcke, die von der Gletscherzunge des Vatnajökull abbrechen, treiben im bis zu 180 m tiefen Wasser. An klaren Tagen erhebt sich im Hintergrund der gewaltige Vatnajökull wie ein Märchenbild. Das Schiff legt im Sommer täglich alle 30–60 Min. ab (Tel. 478 2222, www.jokulsarlon.is).

9 **Skaftafell 13

Schnüren Sie die Trekkingschuhe – es erwarten Sie sechs Haupttouren von einer bis zu sieben Stunden Dauer und zahlreiche Varianten. Dabei kommt man einer der Gletscherzungen des gigantischen ***Vatnajökull** recht nahe – und auf den umliegenden Bergen mit Höhen von 1000 bis 1500 m hoch hinaus. Gut zu bewältigen ist der Weg zum hübschen Wasserfall ***Svartifoss** (ca. 90 Min.), dessen Kulisse ein Halbrund aus Basaltsäulen bildet.

1967 wurde der Skaftafell-Nationalpark gegründet, seit 2008 ist er Teil des größten europäischen Nationalparks Vatnajökull. Skaftafell zeichnet sich durch seine vielfältige Flora und Fauna aus. Im Habitat mit Birkenwäldchen, Zwergstrauchheide oder Arktischen Weideröschen lassen sich Rotdrosseln, Alpenschneehühner, Bergfinken und viele andere Arten beobachten.

Weht der Wind aus Nordwesten, beschert Föhn dem Park häufig mildes Wetter – die meisten Wolken regnen bzw. schneien sich dann an der Nordwestseite des Vatnajökull-Massivs ab. Der Gletscher bedeckt eine Fläche, die etwa halb so groß ist wie Schleswig-Holstein, unter seinem stellenweise 1000 m dicken Eispanzer verbergen sich aktive Vulkane wie die Grímsvötn. Beim letzten Ausbruch Ende 2004 stiegen die Aschesäulen 13 km hoch.

Majestätische Landschaft bei Skaftafell

Info

Skaftafell Besucherzentrum

- Tel. 470 83 00 | www.vjp.is
- 21. Mai–Sept. 9–19, 16. Juni–20. Aug. 8–21 Uhr. Während der übrigen Monate entsprechend kürzer.

Unterkünfte

Fosshotel Skaftafell ●●●

Große Zimmer und netter Service, nur 4 km vom Nationalpark entfernt an der Ringstraße.

- Freysnes | Fagurhólsmýri
- Tel. 478 1945
- www.fosshotel.is

Camping Skaftafell

Der große Zeltplatz mit Cafeteria liegt gleich am Info-Center. Ein Laden deckt den Grundbedarf an Vorräten.

- Tel. 470 8300

**Lakagígar 14

Über 100 Krater reihen sich 27 km entlang der Spalten, die vom Vatnajökull bis in den Südwesten verlaufen. Der Berg **Laki** (818 m) gliedert die Spalten in zwei gleich große Teile. Vom Berg hat man einen guten Blick auf die Kette. Die Atmosphäre dieser Lavalandschaft ist einzigartig, kaum ein Geräusch, und ein Farbenspiel von Graugrün über Rot bis Schwarz. Die Folgen des Laki-Ausbruchs 1783/84 waren für das Land verheerend: Es wurden nicht nur 14 Höfe zerstört, die verseuchten Weiden und Oberflächengewässer waren auch tödlich für Mensch und Tier. Das Lavafeld **Eldhraun** geht auf diesen Ausbruch zurück.

Erst-klassig

Kirkjubæjarklaustur 15

Schon im Namen der 120-Seelen-Gemeinde am Ostrand des kargen Mýrdalssandur steckt die Bezeichnung »Kirche«; damit hat es zweierlei auf sich: Zwischen dem 11. und dem 16. Jh. existierte an dieser Stelle eine Benediktinerinnen-Abtei, von der nur noch Reste sichtbar sind. Vermutlich lebten irische Mönche hier schon vor der Landnahmezeit. Außerdem ragen nahe dem Campingplatz Kleifar, an der Straße 203, wundersam abgeschliffene Endstücke unterirdischer Basaltsäulen auf, die bildhaft *Kirkjugólfð*, Kirchenfußboden, genannt werden.

Info

Tourist Info

- Gemeindezentrum Kirkjuhvoll
- Tel. 48/ 4620
- www.klaustur.is
- Juni–Mitte Sept. tägl. 10–18 Uhr

Unterkunft

Hótel Klaustur ●●●
Modernes 3-Sterne-Hotel, dessen Ausstattung der eines Businesshotels entspricht. Bar und Restaurant im Haus. Das Hotel hilft auch bei der Organisation von Touren.

- Klausturvegur 6 | Tel. 487 4900
- www.icehotels.is

Vík 16

Der südlichste Küstenort Islands ist das Dienstleistungszentrum der Region. Den Anblick der Küste genießen kann man am besten am südlich gelegenen tiefschwarzen **Reynisfjara-Strand,** der als einer der schönsten Lavastrände Europas gilt. Dort erinnert ein Denkmal »an die Seeleute, die in der deutschen Islandfahrt ihr Leben verloren« und an die isländischen Retter, die Schiffbrüchige vor dem Tod bewahrten.

Info

Tourist Info

- Brydebúð | Vikurbraut 28
- Tel. 487 1395
- www.vik.is
- Juni–Aug. Mo–Fr 11–20, Sa/So 13–20 Uhr.

Hotels

Hótel Höfðabrekka ●●●
Idyllisch gelegenes Haus mit geräumigen Lodge-Unterkünften, gutem Restaurant und vier geothermisch beheizten Sitzbadebecken.

- 5 km östl. von Vík
- Tel. 487 1208
- www.hofdabrekka.is

Hotel Edda ●●●
Kleineres Haus in toller Lage neben den Víkurhamrar-Klippen, sehr gutes Hotelrestaurant mit Meerblick.

- Klettsvegur 1–5
- Tel. 444 4840
- www.hoteledda.is

Dyrhólaey 17

Nahe Skeiðflötur zweigt die leider schlechte Straße 218 zum **Kap Dyrhólaey** ab, dem südlichsten Punkt des »festländischen« Island mit schwarzem Sandstrand und Leuchtturm. Markenzeichen am Kap ist ein gewaltiger Steinbogen, ein Werk der Wellen, der auch den Namen gab: Türhügelinsel. Da an der Küste Seevögel brüten darf man das Gebiet erst ab Ende Juni befahren.

**Skógar 18

Der kleine Ort wartet mit einem Wasserfall auf, dem ****Skógafoss** mit seinem 62 m hohen, fast 25 m breiten Wasserstrahl. Ihn speisen Schmelzwasser der Gletscher Eyjafjallajökull und Mýrdalsjökull. Etwas oberhalb des Wasserfalls liegt ein Aussichtspunkt.

Neben dem Wasserfall befindet sich, neben einem malerischen Torfhaus-Ensemble, das **Volkskunde- und Heimatmuseum.** Es ist wohl das beste seiner Art im Land und enthält eine umfangreiche Sammlung alter Geräte, Werkzeuge, Maschinen aus der Landwirtschaft, Fahrzeuge, Boote und Wohnungseinrichtungen. Wer Glück hat, trifft den rührigen Sammler, der das Museum eingerichtet hat (Juni–Aug. tgl. 9–18, Mai/Sept. 10–17, Okt. bis April 11–16 Uhr, Tel. 487 8845, www.skogasafn.is).

Erst-klassig

Das Museum von Skógar mit dem Grassodenhof wird ständig erweitert

Unterkünfte

Hotel Edda ●–●●
Sommerhotel mit Zimmern ohne Bad, aber mit gutem Restaurant. Geöffnet Mitte Juni–Ende Aug.
▮ Tel. 444 4830 | www.hoteledda.is

Camping Skógar
Erst-klassig
Schöner Platz nahe beim Wasserfall.
▮ Tel. 487 8824

Hvolsvöllur 19

Hvolsvöllur entwickelte sich ab den 1930er-Jahren zu einem Dienstleistungs- und Handelszentrum der Region. Der ansonsten nicht sehr attraktive Ort ist ein guter Ausgangspunkt für Erkundungen auf den Spuren der berühmten Njáls saga, einem Drama um den Rechtsgelehrten Njáll Þórgeirsson, dessen Freund, den Krieger Gunnar, und ihre Frauen. Eine gute Einführung bietet der Besuch des **Sagazentrums**, wo auch in einer Ausstellung die Hintergründe aus Islands Wikingerzeit beleuchtet werden. Hier erhält man eine Karte mit den wichtigsten Schauplätzen der Njáls saga in der Umgebung › **Tour 16, S. 112** (*Sögusetrið*, Hliðarvegi 1, Tel. 487 8781, Mitte Mai–Mitte Sept. tgl. 9–18 Uhr, www.njala.is).

Ausflug nach **Þórsmörk 20

Die Piste F 249 in das großartige Naturreservat ist aufgrund etlicher reißender Furten nur von sehr erfahrenen Allradfahrern zu bewältigen. Es empfiehlt sich, für diesen Abstecher den Bus zu nehmen (ab Hvolsvöllur, Mitte Juni–20. Aug., www.trex.is, auch Buchung von Unterkünften).

Schroffe Bergwelt in Þórsmörk

Von der Ringstraße fährt man zunächst auf der 249 am ***Seljalandsfoss** vorbei. Beim Stopp hier sollte man eine Regenjacke überstreifen, denn der eindrucksvolle, 40 m hohe Wasserfall kennt keine Gnade. Wer ohne Schutz auf dem glitschigen Pfad hinter ihm entlanggeht, wird von der Gischt bis auf die Knochen durchnässt.

Weiter geht es auf der Piste über etliche Furten in das Tal »Wald des Thor« zwischen den Gletschern Mýrdals- und Eyjafjallajökull. Isländer kennen die Schönheit des Tals, und Wanderer schätzen es als besonders attraktives Gebiet, darum sind Hütten und Campingplätze der Wandervereine dort oft ausgebucht.

In drei bis vier Tagen kann man auf einem der bekanntesten Trails Islands, dem 54 km langen **Laugavegur,** bis nach Landmannalaugar › **S. 136** wandern.

Hella 21

In der Umgebung des kleinen Orts (780 Einw.) findet man zahlreiche Wohnkavernen, die noch vor der Landnahmezeit von keltischen Mönchen oder Einsiedlern zum Schutz vor Wind und Wetter in die weiche Erde gegraben wurden. Einige sind bis zu 6 m lang.

Ca. 3 km östlich von Hella zweigt die Straße Nr. 264 zum sehr schönen Torfhof ***Keldur** ab, der heute ein Museum ist. Schon um 1200 entstand die Haupthalle, gegen 1630 kamen weitere Gebäudeteile, 1875 dann die hübsche, wellblechverkleidete Kirche hinzu. Keldur ist vermutlich das älteste erhaltene Gebäude Islands und spielte auch eine Rolle in der Njáls saga (Mai–15. Sept. tgl. 10–17, sonst Di–So 11–17 Uhr.

Info

Tourist Info Hella

- Þrúðvangur 35 (Handverkshús)
- Tel. 487 7000

Camping

Árhús Hellu ●–●●

Großer Zeltplatz mit 28 Hütten in wunderschöner Lage, mit Café.

- Am Rangá-Ufer | Tel. 487 5577
- www.arhus.is

Ausflug zur **Hekla 22

Die Straße 26 führt direkt zu Islands bekanntestem Vulkan, der Hekla. 1491 m hoch ist das Massiv, das sich aufgrund der häufigen Ausbrüche stetig verändert. Bis ins 17. Jh. galt die Hekla in ganz Europa als Tor zur Hölle – wie sonst hätte man die verheerenden Ausbrüche erklären sollen? 1104 zerstörte eine Eruption die blühende Landschaft und Höfe in Þjórsárdalur. Der längste Ausbruch dauerte zwei Jahre, und bei dem bislang stärksten Ausbruch im 20. Jh., 1947, wurde die Vulkanasche bis nach Finnland getragen.

Wer sich über die vielen Ausbrüche informieren möchte, sollte das **Hekla-Dokumentationszentrum** *(Heklumiðstöðin)* am Fuß des Vulkans besuchen; die Ausstellung ist sehr spannend aufbereitet (ca. 20 km nördl. von Hella, im Sommer tgl. 10 bis 21 Uhr, hier auch Infos über das Leirubakki-Gästehaus › **unten**).

Hotel

Leirubakki ●–●●●

Gemütliches, komfortables Gästehaus, das einsam in der Berglandschaft an der Straße 26 zur Hekla liegt. Die Besitzer bieten Reittouren und Reiterferien an.

- Tel. 487 8700 | www.leirubakki.is

Selfoss 23

Die größte Stadt Südislands (6500 Einw.) ist Sitz der größten Molkerei des Landes und ein wichtiger Verkehrsknotenpunkt. Die schöne Lage am Fluss Ölfusá, über den eine Hängebrücke führt, sowie ein breites Freizeitangebot – Wanderungen in der Umgebung, Angeln oder Golfen auf dem schönen Platz am Ölfusá-Ufer – lohnen einen längeren Aufenthalt.

Info

- **Touristeninformation**
- In der Bibliothek
- Austurvegur 2 | Tel. 480 1990
- http://tourinfo.arborg.is
- Mitte Mai–Aug. Mo–Fr 10–18, Sa 11–14 Uhr.

Unterkunft

Gesthús ●●

Gemütliche Hütten für vier Personen mit eigener Dusche/WC und Küche. Zentral und dennoch lauschig gelegen, zwei warme Pools. Angeschlossen ist ein schöner Campingplatz.

- Engjavegur | Tel. 482 3585
- www.gesthus.is

Stokkseyri und Eyrarbakki

Die beiden kleinen Fischerorte südlich von Selfoss wirken mit ihren recht gut erhaltenen alten Häusern wie Relikte aus den glorreichen alten Zeiten, als sie noch bedeutende Häfen und Handelsplätze waren › **auch Tour 17, S. 113.**

Húsið, 1765 für einen dänischen Händler als Wohnhaus errichtet, ist das älteste Haus von Eyrarbakki und beherbergt jetzt, zusammen mit dem 1881 angebauten sogenannten Assistentenhaus, das **Árnessýsla-Heimatmuseum** (Eyrargata, Tel. 483 1504, Mitte Mai bis Mitte Sept. tgl. 11–18 Uhr, www.husid.com).

Direkt hinter dem Húsið führt ein kurzerWeg zum **Seefahrtsmuseum** *(Sjóminjasafnið á Eyrarbakka)*. Im Zentrum der Ausstellung steht ein Fischerboot aus dem Jahr 1915 (Túngata 59, Tel. 483 1504, Mitte Mai–Mitte Sept. tgl. 11–18 Uhr).

Restaurant

Við Fjöruborðið ●●●

Erst-klassig

Berühmt für seine Hummergerichte und sehr beliebt bei den Isländern. Schöne Terrasse.

- Stokkseyri | Eyrarbraut 34
- Tel. 483 1550 | www.fjorubordid.is

Þorlákshöfn 24

An den Stränden in der Nähe der Stadt (1500 Einw.) am breiten Ölfusá-Fjord entstanden Szenen des von Steven Spielberg 2006 produzierten Films »Flags of our Fathers« (Regie Clint Eastwood).

Ihr Namenspatron, St. Þorlákur, der einzige Heilige Islands (1130 bis 1193), war 1178 Bischof von Skálholt. Aus 56 Einzelteilen setzte Gunnstein Gíslason das Altarbild in der sehenswerten **Þorlákskirkja** zusammen (im Sommer geöffnet).

Wer sich für Glaskunst interessiert, findet fantastische Arbeiten in dem Atelier **Hendur í Höfn**. Die Künstlerin verwendet Asche vom Eyjafjallajökull und Sand vom nahe gelegenen Strand. Man kann auch an Kursen teilnehmen (Unnubakka 10–12, Tel. 848 3389, Juni–Aug. Mo–Fr 14–18 Uhr, www.hendurihofn.is).

SPECIAL

Eis und Eruptionen hautnah

Islands Reiz sind die ungezähmten Naturgewalten, die sich Reisenden gut erschließen. Problemlos können Sie zischenden Geysiren, brodelnden Schlammtöpfen donnernden Wasserfällen, dem ewigen Eis der Gletscher oder heißen Thermalquellen nahe kommen.

Vulkanausbruch (fast) live

Dieses Erlebnis ermöglicht die **Volcano Show** von Vilhjálmur und Ósvaldur Knudsen im Red Rock Cinema in Reykjavík. Ihr grandioses Filmmaterial dokumentiert u. a. die Entstehung der Insel Surtsey sowie Ausbrüche der Hekla und der Grímsvötn unter dem Eis des Vatnajökull.

Im **Volcano House** (Café, Mineralienausstellung) laufen stündlich ab 11 Uhr auf Englisch, bei Bedarf auch auf Deutsch, Filme über die Ausbrüche auf Heimaey und den des Eyjafjallajökull (2010). Ähnliche Filme sind auf Heimaey (Westmänner-Inseln) zu sehen › **S. 123**.

Welche Auswirkungen der Ausbruch des Eyjafjallajökull 2010 für die dortigen Bauern hatte, kann man in **Þorvaldseyri** sehen.

- **Red Rock Cinema**
  Hellusund 6 a | 101 Reykjavík
  Tel. 845 9548
  Juli–Aug. tgl. 1. Teil englisch 11, 15, 20, deutsch 18.30 Uhr; 2. Teil englisch 12, 16, 21, deutsch 19.30 Uhr.
- **Volcano House**
  Tryggvagata 11 | Tel. 555 1900
  www.volcanohouse.is
  Tgl. 10–22 Uhr.
- **Þorvaldseyri Visitor Center**
  Þorvaldseyri | 861 Hvolsvöllur
  Tel. 487 57 57 | www.icelanderupts.is
  Juni–Aug. tägl. 9–18, April tägl. 10 bis 16, Mai, Sept. tägl. 10–17, Okt.–März Sa, So 11–16 Uhr

 März 2010: Der Eyjafjallajökull bricht aus und legt die Luftfahrt über Europa lahm

Neue und bekannte Geysire

Vor den Augen einer Wanderergruppe brach am 29. Juni 2003 am Ende der Kerlingarfjöll-Piste, auf dem Weg zum Snækollur, urplötzlich der Boden auf, und heißer Schlamm, Dampf und Wasser schossen hervor: Seither gibt es auf Island einen Geysir mehr – wenn auch nur einen ganz kleinen, der zudem unregelmäßig spuckt. Das Kerlingarfjöll-Gebiet ist geologisch besonders aktiv.

Wer auf Nummer sicher gehen möchte, besucht die berühmten Springquellen im Thermalgebiet Haukaladur – eine besonders eindrucksvolle Fontäne produziert dort der **Strokkur** › S. 57.

Auf einen Gletscher

Gletschereis hat Island reichlich, und wer entlang der Südküste unterwegs ist, wird einen Abstecher auf den **Vatnajökull** › S. 114 oder zur **Jökulsárlón-Lagune** › S. 113 einplanen. Auch andere Gletscher sind zugänglich, z. B. der **Langjökull** (mit ca. 1025 km² zweitgrößter Islands), wo Activity Group im Sommer Snowmobil-Fahrten anbietet.

- **Activity Group**
  Tunguháls 8 | 110 Reykjavík
  Tel. 580 9900 | www.activity.is

Wasserfälle in Mengen

Zu den schönsten Wasserfällen am Wegesrand zählen die bekannten **Hraunfossar** › S. 70 an der Straße 518 im Tal bei Reykholt. Auf einer Breite von mehr als 1 km quellen zahllose Kaskaden aus einem schwarzbraunen Lavafeld und ergießen sich in den Fluss Hvítá. Für reichlich Nachschub sorgt stets das Schmelzwasser des Langjökull.

Mit 198 m ist der **Glymur** am Hvalfjörður › S. 64 der höchste Wasserfall Islands. Weitere äußerst beeindruckende Fälle sind **Gullfoss** › S. 57, **Skógafoss** › S. 116, **Dettifoss** › S. 95, **Goðafoss** › S. 89 und vor allem der **Dynjandi** › S. 76.

Geführte Touren

Wer nicht auf eigene Faust losziehen will, kann sich einer organisierten Tour anschließen. Den besten Querschnitt bieten Kombi-Pakete, d. h. Touren, die »sanfte Abenteuer« in freier Natur kombinieren, z. B. Wandern, Mountainbiking und Jeep-Trips. Aktivanbieter sind:

- **Guðmundur Jónasson-Travel**
  Borgartún 34 | 105 Reykjavík
  Tel. 511 1515 | www.gjtravel.is
- **Iceland Travel**
  Skútuvogur 13a | 104 Reykjavík
  Tel. 585 4300 | www.icelandtravel.is.

Vulkanismus ist in Island allgegenwärtig

**Westmänner-Inseln

Felszacken und Steilwände, aus denen das Meer Höhlen herausgespült hat, schroffe Klippen und spitz zulaufende Gipfel künden davon, wie rau es hier zugeht: An mehr als 70 Tagen im Jahr pfeift der Wind mit mehr als 9 Beaufort – das heißt: Sturmstärke – über die 15 Westmänner-Inseln, von denen lediglich die Hauptinsel Heimaey ständig bewohnt ist. Die Wetterstation am Stórhöfði, dem südlichsten Punkt Islands, gilt als windreichste Europas. Kein Wunder, dass hier die Wellen die Inseln fast täglich annagen – doch aus dem Erdinnern dringt dann und wann »Nachschub« empor, denn die *Vestmannaeyjar* sind, genau betrachtet, die Spitzen unterseeischer Vulkane, also auf flüssig-heißen Grund gebaut.

Die Westmänner-Inseln aus der Vogelperspektive

Den Namen verdanken die Eilande übrigens irischen Sklaven, von den ersten norwegischen Siedlern »Männer aus dem Westen« genannt, was von Island aus betrachtet natürlich nicht stimmt. Die »Westmänner« hatten ihren Herrn Hjörleifur, einen Halbbruder des ersten norwegischen Siedlers Ingólfur Arnarson, erschlagen und waren danach auf eine der Inseln geflohen.

Besuchen Sie Heimaey möglichst am ersten Wochenende im August (Zimmer vorbuchen!). Dann nämlich steigt das **Þjóðhátið-Fest,** mit dem man an die Einführung der isländischen Verfassung 1874 erinnert. Junge Männer messen sich bei Seilschwing-Wettbewerben. Nachts versammeln sich Tausende vor Stapeln von Holzpaletten, die mit Benzin und Streichhölzern in ein Flammenmeer verwandelt werden.

**Hauptinsel Heimaey 25

11

Die »Inselhauptstadt«

Wenn der Hafen in Sicht kommt, sieht man an dessen linker Seite die rostbraune Lavawand, die an den dramatischen Ausbruch des Helgafell-Vulkans von 1973 erinnert. Der Ort **Heimaey** wirkt fast andächtig still, obwohl hier die meisten der 4100 Einwohner der Hauptinsel leben: Weil das Städtchen kompakt ist und man alles zu Fuß erledigen kann, gibt es kaum Straßenverkehr.

Wer auf dem Skólavegur in Richtung Ortszentrum geht, stößt an der Ecke zum Kirkjuvegur auf die hübsche, 1778 erbaute **Landakirkja,** eine der ältesten Steinkirchen Islands (Besichtigung nach Vereinbarung unter Tel. 481 3555). Die Kirche, die nach dem Erdbeben wieder ausgegraben wurde, steht direkt neben dem Friedhof, dessen verschütteter Torbogen damals als Foto um die Welt ging.

Das **Heimatmuseum** gewährt Einblicke in den Alltag der Bewohner Heimaeys, die vom Fischfang, zunehmend aber auch vom Tourismus leben. Mehrmals täglich wird ein Dokumentarfilm über den Ausbruch des Eldfell gezeigt. (Ráðhúströð, Tel. 481 1194, im Sommer 11–17, Winter Mo–Fr 13 bis 15, Sa 13–16 Uhr).

Auf der Insel dürfen im Juli und August übrigens Vögel gejagt sowie Eier gesammelt und verzehrt werden, woraus sich der wagemutige Volkssport des Seilschwingens an steilen Klippen entwickelt hat. Dies und anderes Wissenswertes über Flora und Fauna der Inselgruppe erfährt man im **Naturkundemuseum** *(Náttúrugrípasafnið*, Heiðarvegur 12, Tel. 481 1997, im Sommer tgl. 11–17, im Winter Mo bis Fr 13–15, Sa 13–16 Uhr).

Faszinierend ist die Entstehung der Insel Surtsey, dokumentiert im **Besucherzentrum Surtsey** (*Surtseyjarstofa,* Heiðarvegur 1, Tel. 591 2140, Mitte Mai–Mitte Sept. tägl. 11–17 Uhr; für 2014 ist der Umzug in das neue Ausstellungsgebäude Eldheimar geplant). Die Ausstellung zeigt neben Fotos einen Film des Ausbruchs und erklärt die Entwicklung der Flora und Fauna.

Klippen der Westmänner-Inseln

Info

Tourist Information

- Bárustígur 2
- Tel. 488 2555
- www.vestmannaeyjar.is

Verkehr

- **Fährverbindung:** In den Sommermonaten fährt die Fähre »Herjólfur« (Tel. 481 2800, www.herjolfur.is) Mo bis Mi viermal, Do–So fünfmal tgl. ab dem Festlandshafen Landeyjahöfn/Bakki nach Heimaey und wieder zurück; die Überfahrt dauert 40 Min.
- Von Reykjávik gibt es eine direkte Buslinie nach Landeyjahöfn, sodass der Ausflug auf die Westmännerinseln sogar als Tagestrip von der Hauptstadt aus machbar ist.
- **Flugverbindung:** Der Flugplatz liegt ca. 1,5 km südlich der Innenstadt von Heimaey (Transfer mit dem Taxi),

mehrmals tgl. Flüge mit **Eagle Air,** Tel. 562 42 00 oder 562 26 40, www.eagleair.is.

Hotels

Hótel Vestmannaeyjar ●●●
Gut ausgestattetes Hotel im Ortskern mit Jacuzzi, Sauna, Restaurant.
- Vestmannabraut 28 | Tel. 481 2900
- www.hotelvestmannaeyjar.is

Hreiðrið & Hrafnabjörg ●–●●
Gästehaus-Verband und Ausflugsanbieter, die Unterkunftspalette reicht vom bequemen Zimmer bis zur Schlafsackunterkunft. Fahrradverleih.
- Faxastíg 33 | Tel. 481 1045
- www.tourist.eyjar.is

Gistiheimili Árný ●
Familiäres Gästehaus mit acht schlicht ausgestatteten Zimmern, nur 5 Gehminuten vom Fährhafen entfernt. Gemeinschaftsküche für Selbstverpfleger.
- Illugagata 7 | Tel. 899 2582
- www.arny.is

Restaurant

Café Maria ●●–●●●
Angenehmes und beliebtes Café-Restaurant, Pizzas, Burger, leckere Crêpes sowie Fleisch- und Fischgerichte – auch Papageitaucher!
- Skólavegur 1 | Tel. 481 3160
- So–Do 11.30–23.30, Fr/Sa 11.30–3 Uhr.

Auf der Insel unterwegs

Wer einmal einem aktiven Vulkan zu Leibe rücken möchte, sollte den halbstündigen Marsch vom Ort hinauf zum dampfenden Krater ***Eldfell,** der 1973 entstanden ist, nicht scheuen – trotz der lockeren Lava und der unterwegs zunehmend warmen Erde, die gutes Schuhwerk erfordern. Durch die neue Lava gelangt man zur Ausgrabungsstelle **Pompeji des Nordens,** wo man einige der verschütteten Häuser wieder freilegt. Dort ist ein neues Museum für 2014 geplant. Weiter gen Norden liegt die Befestigungsanlage **Skansinn,** die die Dänen Ende des 16. Jhs. anlegten. Dort steht auch der Nachbau einer Stabkirche, ein Geschenk der Norweger.

Entlang der Küsten im Norden erstrecken sich steil abfallende Klippen. Wer sie erklimmt, kann den Ausblick genießen und Papageitaucher beobachten. **Heímaklettur** ist dafür ideal und die Klippen um **Herjólfsdalur** – hier gibt es einen schönen Campingplatz (Tel. 692 6952). Dass die Vögel an den großen Vogelfelsen von Skarfatangi, Sæfjall und Ræningjatangi südlich des Helgafell oder Kaplagjóta im Westen bzw. Stóra-Klif, Litla-Klif und Ysti-Klettur im Norden so scheu sind, ist verständlich – sie gelten auf der Insel als Delikatesse.

Erst-klassi

Von der Inselsüdspitze **Stórhöfði** sieht man gut die zahlreichen Nachbarinseln.

Mit Tourunternehmen wie Viking Boat Tours (Suðurgerði 4, Tel. 488 4884, www.vikingtours.is) kann man per Boot zu Felsvorsprüngen, Klippen und Höhlen rund um Heimaey aufbrechen. Ein Ausflugsziel ist z.B. die Höhle **Klettshellir** mit toller Akustik.

Unterwegs auf der Piste zum Kverkfjöll

Hochland

Das Beste!

- Spazieren gehen im Kerlingarfjöll, wo Eis und Heiß in unmittelbarer Nachbarschaft liegen › S. 131
- Baden im Thermalgebiet Hveravellir › S. 132
- Die Weite und Stille In der Hochlandwüste Sprengisandur genießen › S. 132
- Das intensive Blau des 220 m tiefen Sees Öskjuvatn bewundern › S. 135
- Über die bizarren Formationen des Obsidianlavafeldes Laugahraun staunen › S. 137

› Karte S. 110

Abenteuer in unberührter Natur, zwischen Gletschern, Flüssen und heißen Quellen, warten im Landesinneren auf Allradwagenfahrer, Wanderer und Mountainbiker.

Islands einsame Wildnis reicht vom Tal Kaldidalur im Westen bis zum Naturschutzgebiet Lónsöræfi im Osten. Im Norden grenzt das Hochland an den See Mývatn, im Süden begrenzen es die Gletscher Vatnajökull und Mýrdalsjökull. Schotter- und Lavaebenen, bizarrer Basalt, wuchtige Vulkankrater und das Eis der Gletscher sind die einzigen Begleiter hier im »Reich der Geächteten«, wo sich früher mit der Acht bestrafte Verbrecher oft versteckten, und nur mit Glück und Überfällen überleben konnten..

Durch die Jahrhunderte waren die beiden Pisten Kjalvegur und Sprengsandsleið wichtige Nord-Süd-Verbindungen, und auch die anderen Routen wurden als Reitwege genutzt. Doch das riesige, menschenleere Gebiet auf einer Höhe von rund 600 m ist nicht nur unwirtlich, sondern es birgt aufgrund seiner Wetterumschwünge auch Gefahren.

Gerade an nebelverhangenen Tagen hat diese Landschaft ihren besonderen Reiz. Die Farben der Pflanzenkissen leuchten umso intensiver, und die bizarren Lavaskulpturen scheinen an manchen Strecken zum Leben zu erwachen.

Bei Reisen in das Gebiet muss aber unbedingt beachtet werden, dass es keine Versorgungs- oder Tankstellen gibt und Mobiltelefone nur bedingt funktionieren!

Touren in der Region

Tour 18 Kjölur und Sprengisandur

Tour-Übersicht:

Verlauf: **Reykjavík › Gullfoss › Kerlingarfjöll › Kjölur › Hveravellir › Blanda › Akureyri › Goðafoss › Sprengisandur › Nýidalur › Reykjavík**

Dauer: mindestens 2 Tage

Praktische Hinweise:

- Wer die Strecken selber fahren möchte, braucht für Sprengisandur einen Geländewagen und Erfahrung mit dem Furten von Flüssen.
- Beide Strecken befahren Busse von Ende Juni bis Ende August: die Sprengisandur-Route an jedem 2. Tag (So, Di, Do Landmannalaugar–Mývatn, in der Gegenrichtung Mo, Mi, Fr, Fahrzeit 10 Std.), mit 20- bis

45-minütigen Stopps in Hrauneyjar, Nyidalur, Aldeyjarfoss und Fossholl/ Goðafoss; die Kjölurstrecke (Reykjavík–Akureyri und umgekehrt, Fahrzeit 9 Std.) wird täglich bedient, mit längeren Pausen bei Geysir, Gulfoss und Hveravellir.

- Fahrpläne und andere detaillierte Infos zu den Strecken unter www.nat.is/travelguide eng/ interior_travelguide.htm.

Tour-Start:

Beide Nord-Süd-Pisten, Kjölur wie Sprengisandur, garantieren unvergleichliche Naturerlebnisse, Weite und Stille. Von ****Reykjavík** › S. 45 kommend, passiert man zunächst die berühmtesten Sehenswürdigkeiten am **Goldenen Kreis:** *Geysir, **Strokkur und **Gullfoss › S. 57.

Nur wenig nördlich des Gullfoss geht die Teerstraße dann in eine gute Schotterpiste über: Die **Kjölur-(Kjalvegur-)Route (Straße Nr. 35)**, die vom Gullfoss zwischen den Gletschern Langjökull und Hofsjökull ins Blöndudalur im Norden führt, ist sicher die am leichtesten zu befahrende Hochlandroute. Flussquerungen wurden durch Überbrückungen entschärft, damit die schweren Baufahrzeuge zum inzwischen längst fertiggestellten Blöndulón-Damm gelangen konnten. Die verbesserte Trasse mindert die landschaftlichen Reize jedoch überhaupt nicht: Schroffe Täler und weite Schotterebenen, heiße Thermalquellen und Solfataren reihen sich entlang der 185 km langen Strecke.

Die Verbindung über die Kjölur-Hochebene ist als Inlandspassage schon seit der Zeit der Besiedlung Islands bekannt. Der alte Weg »Kjal« verläuft westlich der heutigen Straße (35). Die Straße windet sich zunächst über den 610 m hohen Pass **Bláfellsháls,** von dem man einen tollen Blick nach Süden hat.

Auf der weiteren Fahrt erblickt man im Westen den Gletscher **Langjökull,** dessen Randgebiete sich immer wieder anders präsentieren. Weiter nordöstlich ragen die markanten Gipfel des Gebirges **Kerlingarfjöll** › S. 131 und der Gletscher **Hofsjökull** auf. Vorbei geht es an dem Lavafeld Kjalhraun, an dessen Nordrand das Thermalgebiet ****Hveravellir** › S. 132 liegt; das Straßenschild zum Thermalgebiet, das man über einen abzweigenden, gut befahrbaren Schotterweg erreicht, ist nicht zu übersehen. In Richtung Norden bessert sich der Zustand der Piste immer mehr.

Auf dem Weg nach Hveravellir

› Karte S. 110

Man fährt durch das Moorland Auðkúluheiði mit dem großen Stausee **Blöndulón.** Die Nr. 35 endet dann am Kraftwerk **Blanda** › **S. 132**, von dem es nicht mehr weit bis zur Straße Nr. 1 nach ***Akureyri** › **S. 85** ist, wo man übernachtet.

Der zweite Tag führt entlang dem Fluss Skjálfandafljót über die **Hochlandpiste Sprengisandur (F 26)** zurück in den Süden. Sie folgt weitgehend jenem Weg, den man einst zu Pferd von den Ostfjorden nach Þingvellir ritt. Erst 1933 befuhr erstmals ein Auto die 213 km lange, landschaftlich höchst reizvolle Strecke – inzwischen sind auf ihr Überland-Linienbusse und Allradwagen ebenso unterwegs wie Mountainbiker und Motorradfahrer.

Im Nordosten markiert die Straße Nr. 842 durch das Bárðardalur ab ***Goðafoss** › **S. 89** den Beginn der anschließenden Piste F 26, die eigentliche Sprengisandur-Route. Grauschwarze Hochlandwüste dominiert für 70 km den Weg – einen Abstecher lohnt das Thermalgebiet **Laugafell** › **S. 132** –, dann endlich taucht wie eine Oase im Nichts **Nýidalur** › **S. 133** auf, seit Jahrhunderten ein beliebter Rastplatz. In der Nachbarschaft liegen die Gletscher Hofsjökull und Tungnafellsjökull.

Der südliche Teil der Strecke ist bedeutend flussreicher. Bei Kilometer 147 muss eine Furt durch die Svartá bewältigt werden. Nach Passieren des **Hochlandzentrums Hrauneyjar** › **S. 134** und dem Verlassen der Piste F 26 bei dem Kraftwerk Búrfell geht es durch das grüne **Þjórsárdalur** zurück nach Reykjavík.

Tour 19 Öskuleið (F 88)

Tour-Übersicht:

Verlauf: Mývatn › Ódáðahraun › Herðubreiðarlindir › Askja › Kverkfjöll › Mývatn

Dauer: 2 Tage

Praktische Hinweise:

- Nehmen Sie ausreichend Lebensmittel mit und vorsichtshalber auch ein Zelt, denn die Hütte Sigurðurskáli (Tel. 860 1393, www.fljotsdalsherad.is/ferdafelag) könnte ausgebucht sein.
- Die Tour ist nur mit dem Geländewagen machbar. Tankstellen gibt es lediglich am Mývatn.

Tour-Start:

Die F 88 führt am Rand von Islands größtem zusammenhängendem Lavafeld vorbei – dem **Ódáðahraun,** auch bekannt als die »Wüste der Geächteten«. Hierher flüchteten im Mittelalter Gesetzlose, die beim Alþing für vogelfrei erklärt wurden. 5000 Jahre alte Lava, Sand und Palagonitberge prägen den Eindruck, schwarz, abweisend und trocken. Daher muss man stets mit heftigen Sand- und Staubstürmen rechnen. Doch für Wüstenfans ist dieses Gebiet ein Hit! Erstklass

Die einst schwierig zu befahrende Piste F 88, eine Stichstraße, wurde in den vergangenen Jahren geebnet, es blieben jedoch einige sandige Stellen erhalten. Die Piste zweigt 33 km östlich vom Mývatn-Zentrum **Reykjahlíð** › **S. 91** kurz vor der

SPECIAL

Tipps für Allradwagen-Fahrer

Noch immer müssen isländische Rettungskräfte viele Autos aus den Gletscherflüssen im Hochland bergen. Sosehr manche Fahrer die Kraft des Wassers unterschätzen, so sehr überschätzen sie ihr eigenes Können. Zur Lebensgefahr gesellen sich hohe Kosten für die Rettung und Schäden am Wagen, die keine Versicherung übernimmt.

Nachdem die meisten Pisten so weit geebnet wurden, dass Schotter und Geröll nicht mehr die größten Hindernisse sind, bleiben vor allem die unberechenbaren Flüsse – Reifen werden in Sekunden unterspült, die Zündung fällt durch eindringendes Wasser aus.

Faustregeln: Morgens ist der Wasserstand in Gletschernähe am niedrigsten. Gegen Mittag hin schwellen die Gewässer wegen des vermehrten Schmelzwassers an. Alle Furten sollte man, auch wenn man im Konvoi hindurchfährt, vor der Durchquerung zu Fuß durchwaten – und zwar gegen die Strömung. Vor allem in der Mitte der Flussläufe finden sich oft tiefe, ausgewaschene Rinnen. Ist die Strömung zu stark, sollten Sie sich anseilen. Blindes Vertrauen ist hier keinesfalls angebracht: Folgen Sie weder fremden Reifenspuren, die zu einer vermeintlichen Furt führen, ohne sie zu prüfen, noch anderen Autofahrern, die ohne vorherigen Test mit Vollgas durchs Wasser rasen. Umsicht ist eine wichtige Tugend – wie bei allen Risiken bergenden Aktivitäten, so auch beim Fahren eines Allradwagens im Hochland.

Die Termine für die Öffnung der Pisten nach dem Winter (meist Anfang Juli–Ende Aug.) legt das isländische Straßenamt Vegagerðin fest (online abrufbar unter www.vegagerdin.is, erfragen kann man sie unter Tel. 522 1000).

Bild oben: Flüsse mit dem Offroader zu durchqueren erfordert Umsicht und Können

Brücke über den Jökulsá á Fjöllum von der Straße 1 ab.

Die F 88 führt an Islands größter Lavawüste vorbei, ein surrealer Traum in Grauschwarz, bis man zu der Oase **Herðubreiðarlindir** › **S. 134** gelangt, in unmittelbarer Nähe zum schönsten Berg des Landes, dem **Herðubreið** › **S. 134**. Weiter geht es anschließend durch Sand und Bimsstein bis zur Caldera des berühmten Vulkans ****Askja** › **S. 135** mit dem See Öskuvatn und dem Kratersee Víti.

Über den Gletscherfluss Jökulsá á Fjöllum geht es Richtung Osten an den Rand des *****Vatnajökull** › **S. 114**. Hier sind die Gletscherhöhlen im Gebirge **Kverkfjöll** › **S. 136** das Ziel. In der großen Hütte Sigurðurskáli kann man übernachten, bevor man am nächsten Tag zum Mývatn zurückfährt.

Tour 20 Fjallabaksleið Nyrðri und Landmannaleið

Tour-Übersicht:

Verlauf: Kirkjubæjarklaustur › Eldgjá › Landmannalaugar › Hekla › Reykjavík

Dauer: 1 Tag

Praktischer Hinweis:

- Aufgrund der zahlreichen Flüsse in dieser Region gibt es entsprechend viele Furten, die aber gut zu passieren sind.
- Man benötigt auf jeden Fall einen Geländewagen.
- Die Verbindung Skaftafell–Reykjavík bzw. umgekehrt wird vom 15. Juni bis 1. September täglich per Bus bedient (Fahrzeit 11 Std.), mit 2 Std. Halt in Landmannalaugar und einem 45-minütigen Stopp an der Eldgjá (www.nat.is/travelguide eng/interior_travelguide.htm).

Tour-Start:

Etwa 20 km westlich von **Kirkjubæjarklaustur** › **S. 115** zweigt die F 209/F 208 nach Norden ab, eine rund 80 km lange, schon seit Jahrhunderten bedeutende Ost-West-Verbindung, die stellenweise bis auf 1000 m Höhe hinaufführt. Sie ist eine der landschaftlich schönsten Strecken Islands mit eindrucksvollen Fotomotiven – weite grüne Areale, Wasserfälle und Flüsse, Hochweiden, enge Schluchten und moosbewachsene Lavazungen.

Etwa auf der Hälfte der Strecke erreicht man die Vulkanspalte ***Eldgjá** › **S. 136**. Anschließend geht es weiter zu den größten Rhyolithbergen des Landes in ****Landmannalaugar** › **S. 136**, einem 400 km² großen Rhyolithgebiet mit spektakulären Farbspielen und heißen Thermalquellen, die zum entspannenden Bad einladen.

Am Ende der Strecke fährt man durch das große Lavafeld Sölvahraun, das sich nördlich des Vulkans Hekla erstreckt. Wilde Spalten und Krater, bedeckt von schwarzer Asche, durchziehen das Feld. Bei **Hella** › **S. 118** trifft man dann wieder auf die Ringstraße.

Unterwegs im Hochland

**Kjölur-Route (Nr. 35)

Hagavatn 26 und Hvítárvatn 27

Wenige Kilometer nach Beginn der Piste am Gullfoss zweigt ein nur für Jeepfahrer geeigneter Track zu dem kleinen, tiefblauen Gletschersee **Hagavatn** ab. Im See, in dem drei Forellenarten leben, spiegelt sich an windstillen Tagen die zerfurchte, eisige Ostzunge des Langjökull.

Auch den Track zum **Hvítárvatn,** der hinter dem Bláfellsháls-Pass abzweigt, sollten nur Jeeps befahren, denn zweimal ist die tiefe Svartá zu furten. Noch vor wenigen Jahren trieben Eisberge auf dem 30 km^2 großen Gletschersee, doch die Gletscherzungen haben sich so weit zurückgezogen, dass sie nicht mehr in den See reichen.

Hütten

Hagavatn ●

12 Plätze ohne Küche und Heizung.

- Am Ostufer des Hagavatn
- Tel. 568 2533 | www.fi.is

Hvítárnes ●

30 Plätze, ohne Küche und Heizung, aber sehr schön gelegen.

- ca. 8 km südöstlich des Hvítárvatn
- Tel. 568 2533 | www.fi.is

Þjófadalir ●

12 sehr einfache Plätze für Wanderer am Gletscherrand des Langjökull.

- Tel. 568 2533 | www.fi.is

Kerlingarfjöll 28

Das beeindruckende Gebirgsmassiv erstreckt sich vom südöstlichen Teil des Kjölur bis an den südlichen Gletscherrand des Hofsjökull. Die

Im Kerlingarfjöll gibt es viele warme Quellen, in denen man baden kann

höchsten Rhyolithgipfel in diesem zum Teil vergletscherten Gebirge sind Snækollur (1477 m), Loðmundur (1432 m) und Mænir (1335 m).

In den Tälern des farbenprächtigen Gebirges gibt es zahlreiche heiße Quellen und Solfataren, einige in direkter Nachbarschaft zum Eis. Erst-! klassig Das reizvolle und vielseitige Wandergebiet durchziehen markierte Wege, auch für mehrtägige Touren.

Unterkunft

Kerlingarfjöll Outdoorzentrum ●–●●
Hübsch an einem Hang, im Sommer bewirtschaftet, Hütten mit Heizung, Zeltplatz auf flacher Wiese.
- Tel. 6664 7000 und 664 7878
- www.kerlingarfjoll.is

Beinahóll 29

Von der Piste weist ein Schild in Richtung Osten zum Hügel Beinahóll, dem »Knochenhügel«, der daran erinnert, dass hier im Oktober 1780 drei Männer und ein Junge zusammen mit 180 Schafen und 16 Pferden bei einem Schneesturm erfroren.

**Hveravellir 30

Aus dem *Öskuhólt* (Donnerkegel) zischt der Dampf, überall blubbert es; in den *Bláhver*, das wohl schönste »Blauwasserbecken« Islands mit 8 m Durchmesser, möchte man sich hineinlegen – doch Vorsicht, das Wasser ist 90 °C heiß! Kieselmineralien schufen auch an anderen Bassins mit Namen wie *Grænihver* (Grünes Becken) oder *Meyrarauga* (Mädchenauge) bunte Ablagerungen. Gute Wege führen fast bis zu den Quellen, und das heiße Wasser wird auch für einen Hot Pot genutzt, sodass man stundenlang in den warmen Sitzbecken entspannen kann (Eintritt für Hausgäste frei, sonst 600 ISK). Vorbei an zischenden Solfataren führt ein Holzsteg zu einem Torfhaus. Etwa 1 km südlich der Hütte liegt ein hoher Lavahügel, in dessen Spalten Geröll geschichtet wurde, den man als *Eyvindarrétt* (Schafspferch des Eyvindur) kennt.

Unterkunft

Hveravellir ●
Zwei Gästehäuser mit Platz für 55 Pers., große Küche, Zeltplatz, Toiletten und Waschbecken sehr nahe.
- Tel. 894 1293 | www.hveravellir.is

Blanda 31

Hinter der Ebene Auvkúlheiði nähert man sich dem Blanda-Wasserkraftwerk (Blöndustöð), das von 1984 bis 1988 an der Nordwestseite des heutigen 57 km² großen Stausees Blöndulón erbaut wurde. Wegen der an- und abfahrenden Mitarbeiter bringt es eine Menge Verkehr auf den letzten knapp 10 km bis zur Ringstraße mit sich.

Sprengisandur-Piste (F 26)

Laugafell 32

Eines der Highlights an der Sprengisandur-Piste ist – etwas abseits der eigentlichen Piste – dieses 892 m hoch gelegene Thermalgebiet. In die heißen Quellen mit einer Wassertemperatur von über 40 °C taucht man vor allem dann gern ein, wenn man morgens aufwacht und sich vor dem Zelt mitten im Hochsommer eine Winterlandschaft ausbreitet … Das Badebecken soll von Þorunn Jónsdóttir angelegt worden sein, der Tochter des letzten katholischen Bischofs von Island, Jón Arason. Während einer Pestepidemie im 15. Jh. glaubte sie sich mit ihrer Familie hier sicher vor dem Schwarzen Tod.

Hütten

Hütten (Juli/Aug. Tel. 822 5192) mit Campingplatz am Laugafell. Buchung über den **Touring Club of Akureyri**
▮ Tel. 462 2720 | www.ffa.is

Fjóðungssalda 33 und Nýidalur 34

Über die weite, kahle Ebene der Kies- und Schotterwüste Sprengisandur sieht man an nebelfreien Tagen im Osten zum Vatnajökull, dessen Eiskappe im milchigen Himmel zu verschwinden scheint, aber auch zum kleineren Gletscher Tungnafellsjökull und im Westen zum Eismassiv des Hofsjökull.

Erst-klassig

Am fast 1000 m hohen Schildvulkan **Fjóðungssalda** nahe Kilometer 81 befindet sich die geografische Mitte Islands.

Nächstes Ziel sind die Hütten im Hochtal **Nýidalur**, das nach der Wüste wohltuend grün ist. In den Hütten gibt es ein Faltblatt über die verschiedenen Wandermöglichkeiten in der Region, für die auch der Name Jökuldalur – Gletschertal – gebräuchlich ist.

Hütten

Nýidalur ●
Zwei bewirtschaftete Hütten mit 120 einfachen Lagern, daneben ein Zeltplatz. Unbedingt vorausbuchen, da hier oft Gruppen übernachten!
▮ Tel. 568 2533 | www.fi.is

Mit Superjeeps ist man auf der Sprengisandur Piste bestens ausgerüstet

Hochlandzentrum Hrauneyjar 35

Das Hochlandzentrum fungiert als Versorgungsstelle im Hochland mit Gaststätte (●●–●●●), Zimmern aller Preisklassen sowie einer Schlafsackunterkunft. Auch eine Tankstelle gehört dazu. Hrauneyjar ist

Erst-! klassig

ein ausgezeichneter Ausgangsort für Ausflüge, zudem werden hier Angellizenzen verkauft.

Info

Hochlandzentrum Hrauneyjar

- Tel. 487 7782
- www.hrauneyjar.is

Öskuleið (Askja-Piste, F 88)

Herðubreiðarlindir und **Herðubreið 36

In der Oase Herðubreiðarlindir, mitten in der Lavawüste **Ódáðarhraun,** machen Bäche zarten Pflanzenwuchs möglich. Mitte Juni nisten hier Kleine Riedgänse. Im Hintergrund ragt der 1682 m hohe Vulkan **Herðubreið** (Breitschulter) auf. Erst der Geologe Hans Reck bezwang 1908 gemeinsam mit dem Isländer Sigurður Sumarliðason den

SEITENBLICK

Held im Hochland

Mit einigem Respekt denken die meisten Isländer an Eyvindur Jónsson – was sicherlich an der romantisch verklärenden Dichtung von Jóhann Sigurjónsson liegt, der mit seinem 1912 veröffentlichten Drama dazu beigetragen haben mag, dass sich um den später Fjalla-Eyvindur genannten Outlaw zahlreiche Legenden ranken. So soll der 36-Jährige in der Lage gewesen sein, Arme und Beine zu Rädern zu formen; somit kam er enorm schnell voran. Seine Frau Halla soll mit Elfen und Geistern in Kontakt gestanden haben, die das Paar im Hochland mit Lebensmitteln versorgten, und zwar in einer Höhle, deren Dach ein Pferdegerippe bildete.

Es heißt, Eyvindur habe als Junge einer alten Landstreicherin Käse gestohlen, die ihn daraufhin mit einem Fluch belegte. Nie mehr sollte er aufhören können zu stehlen – was Eyvindur in der Tat in größte Schwierigkeiten brachte. Wer vom Obersten Gericht in die Verbannung geschickt wurde, durfte während dieser Jahre und Monate von jedermann legal getötet werden – und wurde erst nach Ablauf der Strafe rehabilitiert.

Und so mussten sich der wegen Diebstahls verurteilte Eyvindur Jónsson aus Arnes an den Westfjorden und seine Frau Halla 1760 eiligst in eine einsame Gegend aufmachen. Das Paar versteckte sich zunächst an den Westfjorden, kam später aber nach Hveravellir und schaffte es, knappe 20 Jahre in der Wildnis zu überleben. Die beiden Outlaws ernährten sich von Schneehühnern oder von Schaffleisch, das sie in den heißen Quellen garten. Gemeinsam mit anderen Geächteten überfielen sie immer wieder Reisende und raubten ihnen vor allem warme Kleidung, Felle und andere Gebrauchsgegenstände. Das Paar soll glücklich miteinander alt geworden sein. Eyvindur Jónsson starb 69-jährig im Jahr 1783.

Den Ring des Kraters Víti füllt der Öskjuvatn, der tiefste See Islands

schroffen, schneebedeckten Gipfel des Tafelbergs.

Der Aufstieg dauert ca. vier Stunden, der steile Basaltrand ist problematisch, doch der Ausblick auf das Hochland ist grandios.

Erst-! klassig

Ein kleiner Steinhaufen in der Nähe der Berghütte erinnert an den Geächteten Fjalla-Eyvindur › **Seitenblick S. 134**, der sich hier im Winter 1774/1775 unter unvorstellbar harten Bedingungen in einem kaum geschützten Erdloch vor seinen Verfolgern versteckte. Es grenzt an ein Wunder, dass ein Mensch ohne Ausrüstung und Feuer in der Wildnis überlebte.

Hütte

Þorsteinsskáli ●

Hütte mit 30 Schlafplätzen und warmer Dusche sowie Zeltplatz, Mitte Juni bis Ende Aug./Anfang Sept. ist ein Verantwortlicher vor Ort.

▮ Tel. 462 2720

▮ www.ffa.is

**Askja 37

Durch rostbraune Lavafelder erreicht die F 88 den gewaltigen Einbruchkrater der Askja. Dieser Vulkan, Teil des ca. 4500 Jahre alten Dyngjufjöll-Massivs, war zum letzten Mal 1961 aktiv; bei dem Ausbruch wurden 11 km^2 Fläche von Lava bedeckt. Die Caldera Askja (»Schachtel«) nimmt eine Fläche von 45 km^2 ein.

Durch eine gewaltige Explosion wurde 1875 der **Krater Víti** geboren. Das Wasser wird von heißen Quellen gewärmt und lädt zum Baden ein. Der Abstieg zum Kratersee ist allerdings steil und rutschig. In Folge dieser Eruption senkte sich der Boden in der Caldera weiter ab, füllte sich mit Wasser und bildete so den 220 m tiefen, marineblauen ****Öskjuvatn.** Am 10. Juli 1907 kamen der deutsche Geologe Walther von Knebel und sein Freund, der Maler Max Rudloff, bei der Erforschung des Vulkans ums Leben.

Ihre Leichen wurden nie gefunden. Am Nordostufer des Sees kann man entlanglaufen.

Hütte

Dreki-Hütte ●
Einfacher Zeltplatz und 2 Hütten, die zusammen 60 Schlafplätze bieten.

- am Abzweig der F 894 von der Piste F 910
- Tel. 462 2720 | www.ffa.is

Kverkfjöll 38

Aktiv war das bis zu 1920 m hohe Vulkanmassiv am Nordrand des Vatnajökull zuletzt anno 1729, nun ist die Caldera mit Eis gefüllt. Nach Norden dringt der Gletscher Kverkjökull vor, und im Westen bilden die Quellen des großes geothermischen Gebiets Hveradalur Gletscherhöhlen und -tunnel, die nicht zugänglich sind.

Hütte

Sigurðurskáli ●
Hütte mit 82 Plätzen, Zeltplatz in der Nähe.

- Tel. 863 9236 oder Ferðafelag Fljótsdalshérad › S. 128

Erst-! klassig

Beeindruckende Naturphänomene

- Die Allmännerschlucht, **Almannagjá,** ist die Nahtstelle zwischen europäischer und amerikanischer Kontinentalplatte. › S. 54
- Den bizarren Basaltfels **Hvítserkur** vor der Halbinsel Vatnsnes bewohnen zahllose Vögel. › S. 100
- Die **Lakagígar** bilden eine einzigartige Lavalandschaft in faszinierenden Farbtönen. › S. 115
- Die Wüste **Ódáðahraun** aus Lava, Sand und Palagonitbergen ist ein spezielles Erlebnis. › S. 128
- Im **Kerlingarfjöll** stößt man auf heiße Quellen und Solfatare neben großen Schneefeldern. › S. 131
- Der Obsidianstrom **Laugahraun** gleicht, wenn man ihn durchwandert, einem märchenhaften Labyrinth. › S. 137

Fjallabaksleið Nyrðri und Landmannaleið

*Eldgjá 39

Die mit 70 km längste Vulkanspalte der Welt entstand bei einem Ausbruch 934. Einen guten Eindruck von ihrer Ausdehnung erhält man auf dem Berg Herðubreiðarháls (769 m). Hier verläuft auch eine 5 km lange, bis zu 600 m breite und 200 m tiefe Schlucht.

Am **Ófærufoss** vermutete man noch lange nach der Entdeckung der Eldgjá 1893 den Eingang ins Totenreich: Hier hatte das Wasser eine gespenstisch wirkende Brücke aus dem Basalt gewaschen.

**Landmannalaugar 40

12

Das größte und einzigartige Rhyolithgebiet Islands besticht mit seinem Farbenreichtum: Von Rostrot bis Ockergelb reichen die Nuancen, dazwischen tiefschwarze Lavaströme, dazu bizarre Felsformationen, die wie versteinerte Menschen wirken. Mit seinen bis zu 40 m hohen Lavaskulpturen gleicht das Obsidi-

Erst-! klassig

Rhyolithgestein prägt das Gebiet um die Quellen von Landmannalaugar

anfeld ****Laugahraun** einem Labyrinth. Am Rand des erstarrten Lavastroms aus dem 15. Jh. dampfen Thermalquellen. Weil hier schon vor Jahrhunderten die Schafhirten aus dem Bezirk »Land« heiße Bäder genossen, gab man der beeindruckenden Landschaft im Zentrum des Naturschutzgebiets Fjallabak den Namen »Warme Quellen der Leute aus Land«.

Von der Piste F 208 führt südlich des Sees Frostastaðavatn eine Abzweigung zu den heißen Quellen. Daneben liegt der Campingplatz Landmannalaugar (› **rechts**).

Der 912 m hohe Aussichtsberg **Suðurnámur** (Aufstieg ca. 1,5 Std.) bietet einen grandiosen Überblick über die Gegend: im Norden der idyllische Frostastaðavatn und das Maar Ljótipollur mit seinem Kratersee, im Nordosten die Wasserfläche der gestauten Tungnaá.

Unterkünfte

Hólaskól-Hütte ●

Große Unterkunft mit Duschen und WCs, Campingplatz angeschlossen.

- an der F 208
- Nähe Eldgjá
- Tel. 855 5812
- www.eldgja.is

Camping Landmannahellir ●

Im Westen des Naturschutzgebiets, Unterkunft in Schaftreiberhütte möglich, am Campingplatz Duschen und WCs. Gute Wandermöglichkeiten.

- Tel. 893 8407
- www.landmannahellir.is

Camping Landmannalaugar ●

Großer Platz mit Duschen, in der Hochsaison vorab reservieren! Verpflegung in begrenzter Form möglich. Verkaufswagen im Sommer.

- Tel. 860 3335
- www.fi.is

Infos von A–Z

Behinderte

Fähren, Fluglinien und die meisten größeren Hotels in Akureyri und Reykjavík sind auf Menschen mit Handicaps eingestellt. Auf dem Land sind Behinderte auf Begleitpersonen angewiesen.

- **Sjálfsbjörg,** Hátuni 12, 105 Reykjavík, Tel. 550 0360, www.sjalfsbjorg.is. Sjálfsbjörg bietet Hilfe für Behinderte an und vermietet auch zwei behindertengerechte Apartments.

Diplomatische Vertretungen

- **Deutsche Botschaft,** Laufásvegur 31, 101 Reykjavík, Tel. 530 1100, Notfall-Tel. 663 7800, Fax 530 1101, www.reykjavik.diplo.de
- **Honorargeneralkonsulat Österreich,** Orrahólar 5, 111 Reykjavík, Tel. 557 5464, www.bmeia.gv.at; zuständige Botschaft in Kopenhagen, Tel. 00 45/39 29 41 41, kopenhagen-ob@bmeia.gv.at.
- **Generalkonsulat Schweiz,** Laugavegur 13, 101 Reykjavík, Tel. 551 7172, Fax 551 7179; zuständige Botschaft in Oslo/Norwegen, Tel. 00 47/ 22 54 23 90, www.eda.admin.ch/oslo.

Einreise/Ausreise

Deutsche, Österreicher und Schweizer brauchen für die Einreise einen gültigen Personalausweis oder Reisepass. Haustiere dürfen nicht mitgenommen werden. Reisende aus Schengen-Ländern werden in der Regel nicht kontrolliert.

Wer ein Kraftfahrzeug für maximal ein Jahr einführt, benötigt die nationalen Zulassungspapiere, den nationalen Führerschein und die grüne Versicherungskarte. Wer Letztere nicht vorweisen kann, muss in Island eine Haftpflichtversicherung abschließen.

Elektrizität

Netzspannung 220 V/50 Hz. In alten Häusern passen nicht alle mitteleuropäischen Stecker in die isländischen Steckdosen, weshalb man sicherheitshalber einen Adapter mitnehmen sollte.

Feiertage

Neujahr, Gründonnerstag, Karfreitag, Ostersonntag und -montag, erster Sommertag (3. Donnerstag im April), 1. Mai, Christi Himmelfahrt, Pfingstsonntag und -montag, 17. Juni (Nationalfeiertag), Handels- und Bankenfeiertag (1. Montag im Aug.), 24. Dezember ab Mittag, 25. und 26. Dezember, 31. Dezember ab Mittag.

Geld

Die isländische Króna (ISK) teilt sich in Münzen zu 100, 50, 10, 5 und 1 Kronen auf, ferner in Banknoten zu 500, 1000, 2000, 5000 und 10 000 Kronen.

Reiseschecks und Kreditkarten, v.a. Visa- und Mastercard, sind sehr verbreitet, auf dem Land muss man in manchen Unterkünften jedoch bar zahlen.

Beim Bargeldtausch bei Banken auf Island ist der Wechselkurs günstiger als im Heimatland. Mit einer Bankkarte erhält man Bargeld aus Geldautomaten mit entsprechendem Logo. Die günstigste Zahlungsart ist per Kreditkarte, da man immer den Briefkurs erhält.

Hin und wieder kommt es zu Kursschwankungen, daher sollte man vor der Reise die Kursentwicklung verfolgen. **Wechselkurse** (Stand Januar 2014): 1 € = 157 ISK; 1 CHF = 127 ISK; 100 ISK = 0,64 €/0,78 CHF.

Information

Für Deutschland, Österreich und die Schweiz zuständig:

- **Isländisches Fremdenverkehrsamt,** Rauchstr. 1, 10787 Berlin, Tel. 030/ 50 50 42 00, Fax 50 50 42 80, www.visiticeland.com

Krankenversicherung

Prüfen Sie vor der Abreise, ob Ihre Krankenversicherung Behandlungskosten in Island übernimmt und besorgen Sie sich ggf. die Europäische Krankenversicherungskarte. Angesichts der Eigenbeteiligungen, die in Island verlangt werden, ist der Abschluss einer Auslandskrankenversicherung, die auch einen Rücktransport abdeckt, immer sinnvoll.

Medizinische Versorgung

Das Netz von Krankenhäusern, medizinischen Zentren oder praktischen Ärzten (in der Regel englischsprachig) in Island ist dicht. Bei ernsthafter akuter Erkrankung erreicht man den Notarzt unter der Notrufnummer Tel. 1770. Von speziellen Medikamenten (z. B. Insulin) sollte man ausreichend Vorräte mitnehmen.

Mehrwertsteuerrückerstattung

Mit Iceland Refund (der kleineren Organisation) und Global Refund kooperieren viele isländische Geschäfte. Für bestimmte dort gekaufte Waren mit einem Mindestwert von 4000 ISK pro Kassenbon lassen Sie sich einen Coupon geben und ihn bei der Ausreise vom Zoll abstempeln. Damit können Sie sich an entsprechenden Schaltern am Flughafen Keflavík oder auf der Fähre bis zu 19 % des Kaufpreises erstatten lassen. Sie können den Betrag auch Ihrer Kreditkarte gutschreiben lassen, das dauert in der Regel drei bis vier Wochen. Über Einzelheiten informieren die teilnehmenden Geschäfte und im Internet die Webseiten www.tollur.is oder www.visitorsguide.is.

Notruf

- **Feuerwehr/Krankenwagen/ Polizei:** Tel. 112
- **Berg- und Seenotrettungsdienste ICE-SAR:** Tel. 570 5900

Öffnungszeiten

- **Banken:** generell Mo–Fr 9.15–16 Uhr.
- **Geschäfte:** üblicherweise Mo–Fr 9–18, Sa 10–16 Uhr, manche Souvenirshops öffnen auch sonntags. Einige Supermärkte haben tgl. bis 24 Uhr geöffnet.
- **Postämter:** bis auf wenige Ausnahmen Mo–Fr 9–18 Uhr.
- **Tankstellen** und **Kioske** auf dem Land sind zumeist tgl. 7.30–23 Uhr geöffnet, manchmal aber auch erst ab 9 Uhr morgens.

Rauchverbot

Das Rauchen ist in allen öffentlichen Gebäuden verboten, auch in Restaurants, Bars, Diskotheken und Cafés.

Sicherheit

Ein wenig Vorsicht vor Taschendieben ist angebracht, wenn man sich ins Nachtleben von Reykjavík stürzt. Ansonsten ist Island eines der sichersten Reiseländer der Welt.

Urlaubskasse	
Tasse Kaffee	2,50 €
Softdrink	2 €
Glas Bier (0,5 l)	6 €
Burger mit Pommes Frites und Getränk	8 €
Softeis	3 €
Taxifahrt (Startgeld) (pro km)	mind. 4 € ab 1,50 €
Mietwagen/Tag	ab 80 €
1 l Superbenzin	1,50 €

Telefon/Handy/Internet

Innerhalb Islands sind die siebenstelligen Rufnummern komplett zu wählen, Ortsvorwahl-Nummern gibt es nicht. Gespräche von öffentlichen Telefonzellen (mit Münzen- oder Telefonkarten, die z. B. bei Postämtern oder an Kiosken verkauft werden) sind erheblich günstiger als Gespräche vom Hotel aus.

Drei GSM-Betreiber bieten in bewohnten Gebieten eine relativ gute, aber nicht lückenlose Abdeckung im GSM 900 und GSM 1800 Standard für Dualbandhandys. Fragen Sie Ihren Netzbetreiber im Heimatland nach den Roamingbedingungen und -kosten; eine Prepaid-Karte isländischer Mobilfunkgesellschaften kann billiger sein.

Internationale Vorwahlen

- **Island:** 00 354, dann die siebenstellige Teilnehmernummer
- **Deutschland:** 00 49
- **Österreich:** 00 43
- **Schweiz:** 00 41

Die meisten Hotels und auch Cafés haben WLAN-Hot-Spots. In einigen Hotels muss man entsprechende Codes für die Zimmer kaufen. Computer mit Internetverbindungen findet man in den meisten Touristeninformationen.

Trinkgeld

In Restaurant- und Getränkerechnungen sind Trinkgelder schon enthalten. Ein Trinkgeld wird nicht erwartet, aber gerne gesehen.

Verkehrsregeln

Nur markierte Straßen und Pisten dürfen befahren werden. Es gilt Gurtpflicht, für Motorradfahrer Helmpflicht und eine Promillegrenze von null, das Abblendlicht muss auch tagsüber eingeschaltet sein. Die Tempolimits liegen auf Asphaltstraßen (Ringstraße und Ortsdurchfahrten) bei 90 km/h, auf Schotterstraßen bei 80 km/h, in Siedlungen bei 50 km/h, man sollte aber grundsätzlich langsam fahren. Achtung auf frei laufende Tiere, v. a. Schafe.

Sonstige Verkehrsregeln und -schilder entsprechen denen in Mitteleuropa. Warnschilder sind immer zu beachten. Die Polizei führt regelmäßig, besonders im Sommer, Kontrollen durch. Die Bußgelder bei Verstößen, z. B. gegen das Tempolimit, sind hoch.

Zeit

Das ganze Jahr über gilt in Island die UTC (Universal Time Coordinated, ehemals GMT). Es ist also 1 Std. früher als in Mitteleuropa, während der kontinentaleuropäischen Sommerzeit 2 Std.

Zollbestimmungen

Eingeführt werden dürfen maximal: 1 l Alkohol + 1 l Wein + 6 l Bier oder 3 l Wein + 6 l Bier oder 1 l Alkohol + 9 l Bier oder 1,5 l Wein + 9 l Bier oder 12 l Bier (Reisende über 20 Jahre), ferner 200 Zigaretten oder 250 g andere Tabakwaren, konservierte Lebensmittel bis zu 3 kg pro Person. Treibstoff darf sich nur im Tank des Pkw befinden, nicht aber in Kanistern.

Angel- und Reitausstattung muss fabrikneu bzw. nachweislich desinfiziert worden sein, ansonsten ist eine kostenpflichtige Desinfektion an der Zollstation fällig.

Reisende über 15 Jahren dürfen abgabenfrei ins Heimatland mitnehmen: 200 Zigaretten, 50 Zigarren oder 250 g Tabak, 1 l Spirituosen über 22 Vol.-% oder 2 l Spirituosen unter 22 Vol.-% (Schweiz: jeweils 15 Vol.-%), 4 l Wein und 16 l Bier, 50 g Parfüms und 0,25 l Eau de Toilette, andere Waren bis zu einem Wert von maximal 430 € (Personen unter 15 Jahren 175 €) bzw. 300 CHF. Bei Treibstoff gilt: Der Tank des Fahrzeugs darf voll sein, zusätzlich ist ein 10-l-Reservekanister erlaubt.

Register

Bildnachweis

Coverfoto Seljalandsfoss Wasserfall © mauritius images/age
Fotos Umschlagrückseite © laif/Harscher (links); Alamy/Prisma Bildagentur AG (Mitte); Fotolia.com/Robert Rozbora (rechts)

Alamy/Andy Sutton 101; Alamy/Arctic Images 18, 53, 105; Alamy/eye35 stock 63; Alamy/fan travelstock 127; Alamy/Nordic Photos 69; Alamy/PaKos Photography 120; Alamy/Patrick Dieudonne 94; Alamy/Ragnar Th Sigurdsson 35; Alamy/Richard Cummins 78; arctic-images.com/Ragnar Th. Sigurdson 122, 133; Andreas J. Focke 21, 33, 58, 72, 95, 99, 121; Fotodesign Stadler 30, 57, 114, 116, 117, 135, 137; Fotolia.com/csld U2-3; Fotolia.com/Kasia Marshall 1; Fotolia.com/leksele U2-2; Fotolia.com/Vojtech Soukup 22; Huber Images/Bernhart Udo 6; Huber Images/G. Simeone 38; Huber Images/Giovanni 5; Huber Images/Gräfenhain U1; Huber Images/L. Gaudenzio 77; Iceland Tourist Board U2-1; Iceland Tourist Board/Dieter Schweizer 71; Iceland Tourist Board/Randall Hyman 11, 51, 62; Isländisches Fremdenverkehrsamt Neu-Isenburg 123; Volkmar Janicke 61, 89, 91; Javdbodin.is 93; laif/Andreas Hub 106; laif/Galli 80; laif/Gebhard 125; Fotolia.com/Nicolas Berthy U2-4; LOOK-foto/N. Eisele-Hein 45; LOOK-foto/travelstock44.de 108; Mauritius Images/United Archives 85; Mauritius/ib/Stefan Auth 13; shutterstock/ Rudolf Tepfenhart 14; shutterstock/aevarg 8; shutterstock/Chris Pole 49; Shutterstock/Doin Oakenhelm 24; shutterstock/Michal Durinik 17, 129; shutterstock/Renewer 40; shutterstock/Robert Hoetink 92; www.kerlingarfjoll.is/Páll Gíslason 131.

Liebe Leserin, lieber Leser,
wir freuen uns, dass Sie sich für diesen POLYGLOTT on tour entschieden haben.
Unsere Autorinnen und Autoren sind für Sie unterwegs und recherchieren sehr gründlich, damit Sie mit aktuellen und zuverlässigen Informationen auf Reisen gehen können.
Dennoch lassen sich Fehler nie ganz ausschließen. Wir bitten Sie um Verständnis, dass der Verlag dafür keine Haftung übernehmen kann.

Ihre Meinung ist uns wichtig. Bitte schreiben Sie uns:
TRAVEL HOUSE MEDIA GmbH, Redaktion POLYGLOTT, Grillparzerstraße 12,
81675 München, redaktion@polyglott.de
www.polyglott.de

Dieses Buch wurde auf chlorfrei gebleichtem Papier gedruckt.
ISBN 978-3-8464-9849-1

Bei Interesse an maßgeschneiderten POLYGLOTT-Produkten:
Tel. 089/450 00 99 12
veronica.reisenegger@travel-house-media.de

Bei Interesse an Anzeigen:
KV Kommunalverlag GmbH & Co KG
Tel. 089/928 09 60
info@kommunal-verlag.de

Verlagsleitung: Michaela Lienemann
Redaktionsleitung: Grit Müller
Autoren: Wofgang Veit, Johannes M. Ehmanns und Sabine Barth
Redaktion: Sylvi Zähle, Martin Waller
Bildredaktion: Silwen Randebrock
Layoutkonzept/Titeldesign:
Gramisci Editorialdesign, München, und Ute Weber, Geretsried
Karten und Pläne: Sybille Rachfall
Satz: Tim Schulz, Mainz
Druck und Bindung:
Firmengruppe APPL, aprinta druck, Wemding

PEFC/04-32-0928

TRAVEL HOUSE MEDIA
Ein Unternehmen der
GANSKE VERLAGSGRUPPE

Langenscheidt Mini-Dolmetscher Isländisch

Allgemeines

Guten Morgen.	Góðan daginn. [**gou**ðann **dai**jenn]
Guten Tag.	Góðan dag. [**gou**ðann **da**ch]
Guten Abend.	Gott kvöld. [gohht **kwölt**]
Hallo!	Halló! [**hal**lou]
Wie geht's?	Hvað segir þú gott? [kwa **ßejje**‿θu **gohht**]
Danke, gut.	Allt fínt, þakka þér fyrir. [**ahhlt**‿fihnnt, **θahh**ka‿θjär **feh**rehr]
Ich heiße …	Ég heiti … [jäa‿**hej**deh]
Auf Wiedersehen.	Bless. [**bläss**]
Morgen	morgun [**morr**günn]
Nachmittag	eftir hádegi [äfdehr **hau**dejjeh]
Abend	kvöld [**kwölt**]
Nacht	nótt [**nouhht**]
morgen	á morgun [au **morr**günn]
heute	í dag [i‿**dah**]
gestern	í gær [i‿**gjair**]
Sprechen Sie Deutsch / Englisch?	Talar þú þýsku / ensku? [**ta**lar‿θu **θihs**kü / **ens**kü]
Wie bitte?	Ha? [**hah**]
Ich verstehe nicht.	Ég skil ekki. [jäa **skehl**‿ähhgjeh]
Sagen Sie es bitte nochmals.	Viltu endurtaka það sem þú sagðir. [**wehhl**dü **än**dürtahga **θa**‿ßäm θu **ßag**ðehr]
	Já, takk. [**jau tahhk**]
Ja, bitte.	Takk. [**tahhk**]
Danke.	Ekkert að þakka.
Keine Ursache.	[**ähh**gjärt‿a **θahh**ka]
was / wer / welcher	hvað / hver / hver [kwað / kwär / kwär]
wo / wohin	hvar / hvert [kwar / kwärt]
wie / wie viel	hvernig / hve mikið [**kwärd**neh / kwä **meh**keð]
wann / wie lange	hvenær / hve lengi [**kwä**nair / kwä **lejn**gjeh]
Wie heißt das?	Hvað er þetta kallað? [**kwað**‿er‿**θähh**ta **kad**lað]
Wo ist …?	Hvar er …? [**kwar**‿är]
Können Sie mir helfen?	Gætir þú hjálpað mér? [gjaideer‿θu **hjaul**bað‿**mjär**]
ja	já [**jau**]
nein	nei [**nej**]
Entschuldigen Sie.	Afsakið. [**af**ßakjehð]
Das macht nichts.	Allt í lagi. [**ahhlt**‿i‿**lai**jeh]

Shopping

Wo gibt es …?	Hvar fæst …? [kwar‿**faist**]
Wie viel kostet das?	Hvað kostar þetta? [**kwað** koßdar **θähh**ta]
Das ist zu teuer.	Það er of dýrt. [**θað**‿är **of** dihrrt]
Das gefällt mir (nicht).	Mér finnst þetta (ekki) flott. [mjä‿**fehnnst θähh**ta (**ähh**gjeh) **flohht**]
Gibt es das in einer anderen Farbe / Größe?	Er þetta til í öðrum lit / í annarri stærð? [är‿**θähh**ta **tehl** i **öð**rüm **leht** / i **an**areh **stairð**]
Ich nehme es.	Ég tek þetta. [jäa‿**täk θähh**ta]
Wo ist eine Bank?	Hvar finn ég banka? [**kwar fehnn**‿jäa **baun**ka]
Haben Sie deutsche Zeitungen?	Eru til þýskt dagblöð? [ärü‿tehl **θihsk dah**blöð]

Essen und Trinken

Die Speisekarte, bitte.	Gæti ég fengið matseðilinn? [**gjai**deh‿jäa **fejn**kjehð **mad**ßäðehlehnn]
Brot	brauð [**bröið**]
Kaffee / Tee	kaffi /te [**ka**ffeh / täa]
mit Milch / Zucker	með mjólk / sykri [mä‿**mjouhlk** / **ßeh**greh]
Orangensaft	appelsínusafi [**ahh**bälßihnü·**ßa**weh]
Mehr Kaffee, bitte.	Gæti ég fengið meira kaffi, takk. [**gjai**deh‿jäa **fejn**kjehð mejra **ka**ffee, **tahhk**]
Suppe	súpa [**ßu**ba]
Fisch	fiskur [**feh**sgür]
Meeresfrüchte	sjávarréttir [**ßjau**war·**riähh**dehr]
Fleisch / Geflügel	kjöt / fuglakjöt [**kjöt** / **füg**glakjöt]
Beilage	meðlæti [**mäð**laideh]
vegetarische Gerichte	grænmetisréttir [**grain**mädehs·**riähh**dehr]
Eier	egg [**ägg**]
Salat	salat [**ßa**llat]
Dessert	eftirréttur [**äf**dehr·**riähh**dür]
Obst	ávextir [**au**wäksdehr]
Eis	ís [**iiß**]
Wein	vín [wihn]
Bier	bjór / öl [**bjour** / **öal**]
Wasser	vatn [**wahhdn**]
Mineralwasser	sódavatn [**ßou**ta·wahhdn]
Ich möchte bezahlen.	Gæti ég fengið að borga. [**gjai**deh‿jäa **fejn**kjehð‿að **bor**ga]

TOP-TOUREN IN ISLAND

Das Museumsdorf Laufas in Akureyri an der Nordküste

Regenbogen am See Alftavatn,
Nationalpark Fjallabak